KB133575

인생의
절반쯤 왔을때
읽어야할명심보감

삶이 흘러가는 것이 보일 때면 명심보감이 들린다

인생의 절반쯤 왔을때 읽어야할 명심보감

· 범립본 지음 | 박훈 옮김 ·

탐나는책

『명심보감明心寶鑑』은 예부터 전해지는 금언金言, 명구名句들을 모아 편찬한 책으로서 중·고등학교 수능시험에 단골로 출제되기도 하고, 여러 기업의 입사시험 문제로도 출제되어 필수 교양서로는 부족함이 없는 동양사상의 길잡이 같은 고전이라 하겠다. 유불선 각 분야의 사상을 담은 내용으로 동양의 정신세계를 쉽게 이해하고, 동양과 서양의 문화, 전통과 현대의 혼효混淆로 갈피를 잡지 못하는 현대인이 스스로의 정체성을 찾는 데 도움이 될 것으로 생각한다. 고전에 담겨져 있는, 시대를 초월한 보편적 가치의 이야기를 알고 나면 다른 어떠한 책을 읽는 것보다 고전을 읽는 즐거움을 깨치게 될 것이다.

오늘날 현대인들은 시간에 쫓기며 바쁜 일상을 살다 보니 지친 삶을 되돌아 볼 여유조차 느끼지 못하는 것이 비일비재하며, 스트레스를 달고 사는 데 이력이 붙었을 정도로 피로감에 쌓여 있다. 이럴 때 영화를 한 편 감상하거나 음악을 듣거나 아니면 아무 생각하지 않고 차 한 잔을 하거나 공원을 산책해도 좋겠지만 차분하게 아늑한 공간을 찾아서 『명심보감』을 한 줄 한 줄 읽다 보면 마음의 평정심을 되찾고 일상에서 갖게 된 무거운 짐을 내려놓을 수 있는 계기가 될 것이다.

'마음을 밝혀주는 보배로운 거울'이라는 뜻을 지니고 있는 『명심보감』은 아무리 세상이 빠르게 변화하여도, 어쩌면 빠르게 변화하는 세상이기에 더더욱 사람의 근본인 올바른 양심을 지켜줄 지혜를 위해 늘 마음에 품고 다녀야 할 교양서적이다.

본문의 내용과 같이 조금이라도 실행하며 살아가려고 노력하다 보면 즐겁고 행복한 세상을 만들어 갈 수가 있으며, 언제나 지혜로운 삶 속에서 마음의 풍요를 누릴 수 있을 것이라 생각한다.

『명심보감』이 주는 참다운 마음가짐의 완성을 통하여 발전적이고 행복한 삶의 기본을 마련하기를 두 손 모아 빌어본다.

옮긴이 박훈

제1편

계선 繼善

'계繼'는 이어간다, '선善'은 착하다는 뜻으로,
선악善惡론에 관한 글귀들이 주를 이룬다.
눈앞의 이득이나 당장의 결과가 아닌
긴 안목으로 세상을 바라볼 것을 가르치며,
세상만사가 인과응보로 귀결됨을 강조하고 있다.

繼善

하늘은 인간의 선악에 반드시 답한다

子曰 爲善者는 天報之以福하고 爲不善者는 天報之以禍니라
자왈 위선자　천보지이복　　위불선자　천보지이화

공자가 말하였다.
"선한 일을 하는 사람에게는 하늘이 복으로 갚아주고, 선하지 않는
일을 하는 사람에게는 하늘이 재앙으로 갚느니라."

선은 아무리 작아도 행하고,
악은 아무리 작아도 행하지 말라

漢昭烈이 將終에 勅後主曰
한소열　장종　칙후주왈

勿以善小而不爲하고 勿以惡小而爲之하라
물 이 선 소 이 불 위　　물 이 악 소 이 위 지

한나라의 소열황제가 임종하려 할 때에 다음 황제에게 일렀다.
"선한 일은 작다고 하여 아니 하지 말고, 악한 일은 아무리 작다고 해
도 하지 마라."

하루라도 선한 일을 거르지 말라

莊子曰　一日不念善이면 諸惡皆自起니라
장 자 왈　일 일 불 념 선　　제 악 개 자 기

장자가 말하였다.
"하루라도 선한 일을 염두에 두지 않으면 온갖 악이 다 저절로 일어
나느니라."

선한 일에는 목마른 것처럼,
악한 일에는 귀먹은 것처럼 대하라

太公曰　見善如渴하고 聞惡如聾하라
태 공 왈　견 선 여 갈　　문 악 여 롱

又曰　善事須貪하고 惡事莫樂하라
우 왈　선 사 수 탐　　악 사 막 락

태공이 말하였다.
"선한 것을 보거든 목마른 것처럼 하고, 악한 것을 듣거든 귀먹은 것
처럼 하라."
또 이르기를 "선한 일은 모름지기 탐내어 하고, 악한 일은 즐겨하지
마라."

선한 일은 아무리 하여도 부족한 것이다

馬援曰 終身行善이라도 善猶不足이요
마 원 왈   종 신 행 선   선 유 부 족

一日行惡이라도 惡自有餘니라
일 일 행 악   악 자 유 여

마원이 말하였다.
"평생토록 선한 일을 하더라도 선한 것은 한없이 부족하고, 단 하루 악을 행하더라도 악은 저절로 넘치게 되느니라."

진정으로 자손을 위하는 것

司馬溫公曰 積金以遺子孫이라도 未必子孫能盡守요
사 마 온 공 왈 적 금 이 유 자 손   미 필 자 손 능 진 수

積書以遺子孫이라도 未必子孫能盡讀이니
적 서 이 유 자 손   미 필 자 손 능 진 독

不如積陰德於冥冥之中하여 以爲子孫之計也니라
불 여 적 음 덕 어 명 명 지 중   이 위 자 손 지 계 야

사마온공이 말하였다.
"돈을 모아 자손에게 물려주더라도 자손이 반드시 다 지켜내지 못할
것이요, 책을 모아서 자손에게 물려주더라도 자손이 반드시 다 읽지
는 못할 것이니, 남몰래 덕을 쌓아서 자손을 위한 계획을 삼는 것만
못하니라."

은혜는 베풀고, 원한은 없게 하라

景行錄에 曰 恩義廣施하라 人生何處不相逢이리오
경 행 록   왈 은 의 광 시   인 생 하 처 불 상 봉

讐怨莫結하라 路逢狹處難回避니라
수 원 막 결   노 봉 협 처 난 회 피

『경행록』에서 말하였다.
"은혜와 의리를 널리 베풀어라. 인생의 어느 길목에서 서로 만나지
않겠는가. 원수와 원한을 맺지 마라. 길이 좁은 곳에서 만나면 피하기
어려우니라."

선에는 선으로, 악에도 선으로 대하라

莊子曰 於我善者는 我亦善之하고 於我惡者라도 我亦善之니라
장자왈 어아선자   아역선지   어아악자   아역선지

我旣於人無惡이면 人能於我無惡哉인저
아기어인무악   인능어아무악재

장자가 말하였다.

"나에게 선하게 하는 사람에게는 나 또한 선하게 대하고, 나에게
악하게 하는 사람이라도 나는 또한 선하게 대할 것이다. 내가 이미
남에게 악하게 대하지 않았으면 남도 나에게 악하게 대함이 없을
것이다."

선악의 결과는 훗날 반드시 드러난다

東岳聖帝垂訓에 曰 一日行善이라도 福雖未至나 禍自遠矣요
동악성제수훈   왈 일일행선   복수미지   화자원의

一日行惡이라도 禍雖未至나 福自遠矣라
일일행악   화수미지   복자원의

行善之人은 如春園之草하여 不見其長이라도 日有所增하고
행선지인   여춘원지초   불견기장   일유소증

行惡之人은 如磨刀之石하여 不見其損이라도 日有所虧니라
행악지인   여마도지석   불견기손   일유소휴

동악성제가 가르침을 내려 말하였다.

"어느 하루 선한 일을 했다고 비록 복이 이르지는 않을지라도 화는 저절로 멀어질 것이요, 어느 하루 악한 일을 했다고 비록 화가 이르지는 않을지라도 복은 저절로 멀어질 것이다. 선한 일을 하는 사람은 봄날 정원의 풀과 같아서 자라는 것이 보이지 않지만 날마다 자라남이 있고, 악한 일을 하는 사람은 칼을 가는 숫돌과 같아서 닳는 것은 보이지 않지만 날마다 줄어드는 바가 있을 것이니라."

선한 일은 가까이, 선하지 못한 일은 멀리하라

子曰 見善如不及하고 見不善如探湯하라
자 왈 견 선 여 불 급   견 불 선 여 탐 탕

공자가 말하였다.
"선한 일을 보거든 그에 미치지 못한 것처럼 하고, 선하지 못한 일을
보거든 끓는 물을 만지듯 하라."

제2편

천명 天命

전편인 「계선繼善」에 이어서,
권선징악의 주관자로서의 하늘을 부각시키고 있다.
선한 자를 보호하고 악한 자를 응징하는 것이
하늘의 진리이자 인간을 관장하는 윤리임을 말하며,
이에 따라 선을 지키며 살 것을 종용하고 있다.

天命

하늘의 뜻을 따르라

孟子曰 順天者는 存하고 逆天者는 亡하니라
맹자왈 순천자　존　　역천자　망

맹자가 말하였다.
"하늘의 뜻을 따르는 사람은 살고, 하늘의 뜻을 거스르는 사람은 죽느니라."

사람의 마음이 곧 하늘이다

邵康節先生曰 天聽寂無音이니 蒼蒼何處尋고
소강절선생왈 천청적무음　　창창하처심

非高亦非遠이니 都只在人心이니라
비고역비원　　도지재인심

소강절 선생이 말하였다.
"하늘의 들음은 고요하여 소리가 없으니, 푸르고 푸른 하늘 어느 곳에서 찾을까. 높지도 않고 먼 곳에 있지도 않으니 모두가 사람의 마음속에 있느니라."

하늘을 속일 수는 없다

玄帝垂訓에 曰 人間私語라도 天聽若雷하고
현 제 수 훈　　왈 인 간 사 어　　　천 청 약 뢰

暗室欺心이라도 神目如電이니라
암 실 기 심　　　신 목 여 전

현제가 가르침을 내려 말하였다.
"사람들 사이의 사사로운 말이라도 하늘이 듣는 것은 우레와 같고,
어두운 방안에서 마음을 속이더라도 귀신이 보는 것은 번개와 같으
니라."

 ## 악행이 쌓이면 반드시 벌을 받는다

益智書에 云 惡鑵若滿이면 天必誅之니라
익 지 서　　운 악 관 약 만　　　천 필 주 지

『익지서』에서 말하였다.
"악의 두레박이 가득 차면 하늘이 반드시 벌을 내릴 것이니라."

악에는 반드시 하늘의 응징이 따른다

莊子曰 若人作不善得顯名者는 人雖不害天必戮之니라
장자왈 약인작불선득현명자　인수불해천필륙지

장자가 말하였다.
"만일 선하지 못한 일로 세상에 이름을 드러낸 자는, 사람이 비록 그를 해치지 않더라도 하늘이 반드시 죽일 것이니라."

선악도 심은 대로 거둔다

種瓜得瓜種豆得豆니 天網恢恢疎而不漏니라
종과득과종두득두　천망회회소이불루

오이를 심으면 오이를 얻고, 콩을 심으면 콩을 얻으니, 하늘의 그물은 넓고 넓어서 성글기는 하지만 새지 않느니라.

하늘에 죄를 지으면 빌 곳이 없다

子曰 獲罪於天이면 無所禱也니라
자왈 획죄어천　　　무소도야

공자가 말하였다.
"하늘에 죄를 지으면 빌 곳이 없느니라."

제3편

순명 順命

전편의 「천명天命」에서는 선악의 주관자로서의 하늘을 말하였고,
이 「순명順命」편에서는 글자 그대로
그러한 하늘의 명命에 순응해야 함을 말하고 있다.
자칫 인간은 자신의 운명을 개척하지 못하고
주어진 운명을 순순히 받아들이는 수밖에 없음을 가르치는 것처럼 보이니,
요지는 하늘과 자연의 이치를 거스르지 말고
적당히 분수를 지키며 살아가라는 가르침이다.

삶과 죽음은 운명에 달려 있다

子曰 死生有命이요 富貴在天이니라
자 왈 사 생 유 명　　　　부 귀 재 천

공자가 말하였다.
"죽고 사는 것은 운명에 달려 있고, 잘살고 귀하게 되는 것은 하늘에
달려 있느니라."

 ### 만사가 정해져 있는데 사람은 부질없이 애쓴다

萬事分已定이어늘 浮生空自忙이니라
만 사 분 이 정　　　　부 생 공 자 망

모든 일은 분수가 이미 정해져 있거늘 덧없는 인생이 부질없이 저 혼
자 바쁘니라.

사람의 운수는 하늘이 이끈다

時來風送滕王閣이요 運退雷轟薦福碑라
시 래 풍 송 등 왕 각   운 퇴 뇌 굉 천 복 비

때가 오면 바람이 (왕발을) 등왕각으로 보내고, 운수가 쇠퇴하면 벼락
이 천복비를 쳐서 깨뜨리듯 할 것이니라.

해설

왕발이 젊을 때에 꿈에 강신江神이 나타나 "내일 등왕각을 중수한 낙성식이 있으니
그 자리에 참석하여 글을 지어 이름을 내라."고 하였다. 당시 왕발이 있는 곳으로부
터 등왕각까지는 700리나 되어 하룻밤에 가기에는 불가능한 거리였으나 왕발은 꿈
이 너무나 생생하여 배에 올랐다. 그러자 순풍이 불어와 배가 나는 듯이 달려 등왕각
에 이르렀고, 왕발은 〈등왕각서〉라는 명문장으로 이름을 떨칠 수 있었다고 한다.
천복비는 강서성 천복산에 있던 비석으로, 한 가난한 서생이 천복비 비문을 탁본해
오면 보수를 후하게 주겠다는 말에 천복산으로 향하였는데, 수천 리 길을 달려 당도
한 그날 밤에 벼락이 떨어져 비석이 산산이 조각나고 말았다고 한다.
이 두 일화는 사람의 일은 알 수 없어서 때가 이르면 운수가 차고, 아무리 애를 써도
안 될 일은 안 된다는 것을 전해준다.

화는 피할 수 없고, 복에는 때가 있다

景行錄에 云 禍不可倖免이요 福不可再求니라
경 행 록   운 화 불 가 행 면   복 불 가 재 구

『경행록』에서 말하였다.

"화는 요행으로 피할 수 없으며, 복은 두 번 다시 구하지 못하느니라."

 ## 세상사는 운명에 달렸다

列子曰 癡聾痼啞라도 家豪富요 知慧聰明도 却受貧이라
열 자 왈 치 롱 고 아   가 호 부   지 혜 총 명   각 수 빈

年月日時該載定하니 算來由命不由人이니라
연 월 일 시 해 재 정   산 래 유 명 불 유 인

열자가 말하였다.

"어리석은 사람이나 귀머거리나 고질이 있거나 벙어리라도 집에는 권세가 있고 돈이 있으며, 지혜롭고 총명한 사람이라도 도리어 가난할 수 있느니라. 해와 달과 날과 때가 모두 정해져 있으니 헤아려 보면 운명에 달린 것이지, 사람에 달린 것이 아니니라."

제4편

효행 孝行

모든 행동의 기본이라 할 수 있는 효孝에 대한 글귀가 담겼다.
자식들을 위한 부모의 수고를 시작으로 하여,
구체적인 효의 방법과 마음가짐을 다루며,
내가 부모에게 효도하는 모습을 보일 때,
자식들도 효도의 바탕을 이룬다는 가르침을 전한다.

부모의 은혜는 하늘과 같다

詩에 曰 父兮生我하시고 母兮鞠我하셨네
시　왈 부혜생아　　　모혜국아

哀哀父母여 生我劬勞라
애애부모　생아구로

欲報深恩이나 昊天罔極이로다
욕보심은　　호천망극

『시경』에서 말하였다.
"아버님 나를 낳으시고, 어머님 나를 기르셨네. 슬프고도 슬프구나,
부모님이시여! 나를 낳아 기르느라 애쓰셨네. 그 깊은 은혜 갚고자
하나 저 하늘과 같이 끝이 없음이로다."

부모는 항상 마음을 다해 모셔야 한다

子曰 孝子之事親也에 居則致其敬하고 養則致其樂하고
자 왈 효 자 지 사 친 야   거 즉 치 기 경   양 즉 치 기 락

病則致其憂하고 喪則致其哀하고 祭則致其嚴이니라
병 즉 치 기 우   상 즉 치 기 애   제 즉 치 기 엄

공자가 말하였다.
"효자는 어버이를 섬김에 있어 거처하실 때는 공경을 다하고, 봉양할 때는 즐거움을 다하고, 병드셨을 때는 근심을 다하고, 돌아가셨을 때는 슬픔을 다하고, 제사 지낼 때에는 엄숙함을 다하느니라."

 ## 부모의 마음을 편안하게 하라

子曰 父母在어시든 不遠遊하며 遊必有方이니라
자 왈 부 모 재   불 원 유   유 필 유 방

공자가 말하였다.
"부모님이 살아계시면 멀리 떠나 있지 아니 하며, 떠나 있을 경우에는 반드시 가는 곳을 말씀드려야 하느니라."

부모의 부름에는 한치의 머뭇거림도 없어야 한다

子曰 父命召어시든 唯而不諾하고 食在口則吐之니라
자왈 부명소   유이불낙   식재구즉토지

공자가 말하였다.
"아버지께서 부르시거든 속히 대답하고 머뭇거리지 말 것이며, 음식
이 입에 있거든 뱉어낼 것이니라."

윗물이 맑아야 아랫물도 맑다

太公曰 孝於親이면 子亦孝之하나니
태공왈 효어친   자역효지

身旣不孝면 子何孝焉이리오
신기불효   자하효언

태공이 말하였다.
"내가 부모님께 효도하면 내 자식도 효도할 것이니, 내가 이미 효도
하지 않았는데 자식이 어찌 효도하리오."

효자에게서 효자가 나는 것은 순리이다

孝順은 還生孝順子요 忤逆은 還生忤逆子라
효순   환생효순자   오역   환생오역자

不信이어든 但看簷頭水하라 點點滴滴不差移니라
불신   단간첨두수   점점적적불차이

부모에게 효도하고 순종하는 사람은 또한 효도하고 순종하는 자식
을 낳을 것이요, 부모에게 거스르고 거역하는 사람은 또한 거스르고
거역하는 자식을 낳을 것이다. 믿지 못하겠거든 처마 끝의 떨어지는
물을 보아라. 한 방울 한 방울 떨어지는 것이 조금도 어긋남이 없느
니라.

제5편

정기正己

'정기正己'는 '자신을 바르게 한다'는 뜻으로,
자신을 닦는 일은 매사의 기본이 된다.
일상생활에서 항상 자신을 돌아보고 반성하며,
매사 너그럽고 담박하며 부지런할 것을 가르치고 있다.

다른 사람에 비추어 자신을 돌아보라

性理書에 云 見人之善이어든 而尋己之善하고
성리서   운 견인지선   이심기지선

見人之惡이어든 而尋己之惡이니 如此方是라야 有益이니라
견인지악   이심기지악   여차방시   유익

『성리서』에서 말하였다.
"다른 사람의 선한 점을 보거든 나의 선한 점을 찾고, 다른 사람의 악한 점을 보거든 나의 악한 점을 찾을 것이니 이와 같이 하면 비로소 이로운 점이 있느니라."

대장부는 포용할지언정 포용받을 일은 하지 않는다

景行錄에 云 大丈夫當容人이언정 無爲人所容이니라
경행록   운 대장부당용인   무위인소용

『경행록』에서 말하였다.
"대장부는 마땅히 다른 사람을 포용할지언정 다른 사람에게 포용되는 일은 없어야 하느니라."

자신을 높여 다른 사람을 낮게 여기지 말라

太公曰 勿以貴己而賤人하고
태공왈 물이귀기이천인

勿以自大而蔑小하고 勿以恃勇而輕敵하라
물이자대이멸소　　물이시용이경적

태공이 말하였다.
"자신을 귀하게 여겨 다른 사람을 천하게 여기지 말고, 자신을 크다
여겨 다른 사람을 작게 업신여기지 말며, 자신의 용맹을 믿고서 적을
가볍게 여기지 마라."

남의 허물은 듣게 되더라도 전하지 말라

馬援曰 聞人之過失이어든 如聞父母之名하여
마원왈 문인지과실　　　여문부모지명

耳可得聞이언정 口不可言也니라
이가득문　　　구불가언야

마원이 말하였다.
"다른 사람의 허물을 듣거든 부모의 이름을 들은 것처럼 하여 귀로는
들을지언정 입으로는 말하지 말지니라."

선한 일에는 함께 어울리고
악한 일은 못 본 듯이 하라

邵康節先生曰 聞人之謗이라도 未嘗怒하며 聞人之譽라도 未嘗喜라
소강절선생왈 문인지방   미상노   문인지예   미상희

聞人之惡이라도 未嘗和하며
문인지악   미상화

聞人之善이면 則就而和之하고 又從而喜之하라
문인지선   즉취이화지   우종이희지

故로 其詩曰 樂見善人하고 樂聞善事하며 樂道善言하고 樂行善意하라
고   기시왈 낙견선인   낙문선사   낙도선언   낙행선의

聞人之惡이어든 如負芒刺하고 聞人之善이어든 如佩蘭蕙하라
문인지악   여부망자   문인지선   여패난혜

소강절 선생이 말하였다.

"다른 사람에게 비방을 듣더라도 성내지 말며, 다른 사람에게 칭찬을 듣더라도 기뻐하지 마라. 다른 사람의 나쁜 점을 들을지라도 이에 동조하지 말며, 다른 사람의 선행을 듣거든 나아가 함께 어울리고 또 따라 기뻐할지니라."

때문에 시에 이렇게 말하였다.

"선한 사람 보기를 즐거워하고, 선한 일 듣기를 즐거워하며, 선한 말 하기를 즐거워하고, 선한 뜻 행하기를 즐거워하라. 다른 사람의 악함을 듣거든 가시를 등에 진 듯이 여기고, 다른 사람의 선함을 듣거든 난초와 혜초를 몸에 지닌 듯이 여겨라."

부지런함이 곧 보배다

太公曰 勤爲無價之寶요 愼是護身之符니라
태공왈 근위무가지보   신시호신지부

태공이 말하였다.
"부지런함은 값을 매길 수 없는 보배요, 매사 조심함은 몸을 보호하
는 부적이니라."

명예욕은 없애기 어렵다

景行錄에 曰 保生者는 寡慾하고 保身者는 避名이니
경행록   왈 보생자   과욕   보신자   피명

無慾은 易나 無名은 難이니라
무욕   이 무명   난

『경행록』에서 말하였다.
"삶을 보전하려는 사람은 욕심을 적게 하고, 몸을 보전하려는 사람은
명예를 피해야 하니, 욕심을 없게 하기는 쉬우나 명예를 없게 하기는
어려우니라."

나의 허물을 말해주는 사람이 곧 스승이다

道吾善者는 是吾賊이요 道吾惡者는 是吾師니라
도오선자　시오적　　도오악자　시오사

나의 좋은 점을 말해주는 사람은 곧 내게 해로운 사람이요, 나의 나쁜 점을 말해주는 사람은 곧 나의 스승이니라.

 ## 군자가 경계해야 할 세 가지

子曰 君子有三戒하니 少之時에는 血氣未定이니 戒之在色하고
자왈 군자유삼계　　소지시　　혈기미정　　계지재색

及其壯也하여는 血氣方剛이니 戒之在鬪하고
급기장야　　　혈기방강　　계지재투

及其老也에는 血氣旣衰니 戒之在得이니라
급기노야　　혈기기쇠　계지재득

공자가 말하였다.
"군자가 경계해야 할 세 가지가 있으니, 어릴 적에는 혈기가 안정되지 않았으니 여색을 경계하고, 장성하면 혈기가 왕성하니 다툼을 경계하고, 늙어서는 혈기는 이미 쇠한지라 탐욕을 경계해야 하느니라."

몸과 정신을 위한 경계

孫眞人이 養生銘에 云 怒甚偏傷氣요 思多太損神이라
손 진 인   양 생 명   운 노 심 편 상 기   사 다 태 손 신

神疲心易役이요 氣弱病相因이라
신 피 심 이 역   기 약 병 상 인

勿使悲歡極하고 當令飮食均하라
물 사 비 환 극   당 령 음 식 균

再三防夜醉하고 第一戒晨嗔하라
재 삼 방 야 취   제 일 계 신 진

손진인이 『양생명』에서 말하였다.

"노여움이 심하면 기운을 상하게 하고, 생각이 너무 많으면 정신을 상하게 한다. 정신이 피곤하면 마음이 쉽게 지치고, 기운이 약하면 병이 일어나느니라. 슬퍼하고 기뻐하는 것을 극도에 달하게 하지 말고, 마땅히 음식을 고르게 먹어라. 밤에 술 취하는 것을 거듭 삼가고, 새벽에 화내는 것을 가장 경계하라."

욕심이 없으면 마음이 평안하다

景行錄에 曰 食淡精神爽이요 心淸夢寐安이니라
경 행 록   왈 식 담 정 신 상   심 청 몽 매 안

『경행록』에서 말하였다.
"음식이 담박하면 정신이 맑아지고, 마음이 안정되면 잠자리가 편안
하느니라."

 ## 마음을 다스리는 사람이 군자

定心應物이면 雖不讀書라도 可以爲有德君子니라
정 심 응 물   수 부 독 서   가 이 위 유 덕 군 자

마음을 안정시켜 사물을 대할 수 있다면 비록 글을 읽지 않더라도 덕
있는 군자라 할 수 있느니라.

분노와 욕심을 경계하라

近思錄에 云 懲忿如救火하고 窒慾如防水하라
근사록   운 징분여구화   질욕여방수

『근사록』에서 말하였다.
"분노 그치기를 불 끄듯이 하고, 욕심 막기를 물 막듯이 하라."

몸을 위한 경계

夷堅志에 云 避色如避讐하고 避風如避箭하며
이견지   운 피색여피수   피풍여피전

莫喫空心茶하고 少食中夜飯하라
막끽공심다   소식중야반

『이견지』에서 말하였다.
"여색 피하기를 원수 피하듯이 하고, 바람 피하기를 화살 피하듯이
하며, 빈속에는 차를 마시지 말고, 한밤중에는 밥을 적게 먹어라."

하지 않아도 될 것

荀子曰 無用之辯과 不急之察은 棄而勿治하라
순자왈 무용지변　불급지찰　기이물치

순자가 말하였다.
"쓸데없는 말과 급하지 않은 일은 내버려두고 다스리지 마라."

무리에 휩쓸리지 말라

子曰 衆好之라도 必察焉하며 衆惡之라도 必察焉하라
자왈 중호지　　필찰언　　중오지　　필찰언

공자가 말하였다.
"여러 사람이 좋아하더라도 반드시 살펴보아야 하며, 여러 사람이 미워하더라도 반드시 살펴보아야 하느니라."

참다운 군자와 대장부

酒中不語는 眞君子요 財上分明은 大丈夫니라
주 중 불 어   진 군 자   재 상 분 명   대 장 부

술 취한 중에도 말이 없는 것은 참다운 군자요, 재물에 있어서 태도가 분명한 것은 대장부니라.

 ## 너그러우면 복이 따른다

萬事從寬이면 其福自厚니라
만 사 종 관   기 복 자 후

모든 일에 너그러움을 따르면 그 복이 저절로 두터워지느니라.

입안에 칼이 있는 사람은 그 칼에 먼저 베인다

太公曰 欲量他人이어든 先須自量하라
태공왈 욕량타인   선수자량

傷人之語는 還是自傷이니 含血噴人이면 先汚其口니라
상인지어   환시자상   함혈분인   선오기구

태공이 말하였다.

"다른 사람을 헤아려 보려거든 먼저 자신을 헤아려 보라. 다른 사람을 해치는 말은 도리어 자신을 해치는 것이니, 피를 머금어 다른 사람에게 뿜으려 하면 먼저 자신의 입을 더럽히느니라."

부지런하라

凡戱無益이요 惟勤有功이니라
범 희 무 익   유 근 유 공

모든 유희에는 유익한 것이 없고, 오직 부지런함만이 공이 있느니라.

오해를 부를 만한 행동은 먼저 삼가라

太公曰 瓜田不納履하고 李下不整冠이니라
태 공 왈 과 전 불 납 리   이 하 부 정 관

태공이 말하였다.

"다른 사람의 오이밭에는 신을 들이지 말고, 오얏나무 아래에서는 갓
을 고쳐 쓰지 마라."

마음이 편안하려면 몸을 수고롭게 해야 한다

景行錄에 曰 心可逸이언정 形不可不勞요
경 행 록　왈 심 가 일　　형 불 가 불 로

道可樂이언정 身不可不憂니
도 가 락　　신 불 가 불 우

形不勞면 則怠惰易弊하고 身不憂면 則荒淫不定이라
형 불 로　즉 태 타 이 폐　　신 불 우　즉 황 음 부 정

故로 逸生於勞而常休하고 樂生於憂而無厭하나니
고　　일 생 어 로 이 상 휴　　낙 생 어 우 이 무 염

逸樂者는 憂勞를 豈可忘乎아
일 락 자　　우 로　기 가 망 호

『경행록』에서 말하였다.

"마음은 편할지언정 몸은 수고롭게 하지 않을 수 없고, 도는 즐길지
언정 몸은 근심하지 않을 수 없으니, 몸이 수고롭지 않으면 게을러져
서 허물어지기 쉽고, 몸이 근심하지 않으면 주색에 빠져 다스리기 어
렵다. 그러므로 편안함은 수고로움에서 생겨야 항상 기쁠 수 있고, 즐
거움은 근심하는 데서 생겨야 싫증이 없나니, 편안하고 즐거워하려
는 사람이 근심과 수고로움을 어찌 잊을 수 있겠는가?"

다른 사람의 허물에는
귀먹고, 눈감고, 입을 막으라

耳不聞人之非하고 目不視人之短하며
이 불 문 인 지 비　　　목 불 시 인 지 단

口不言人之過라야 庶幾君子니라
구 불 언 인 지 과　　　서 기 군 자

귀로는 다른 사람의 그릇됨을 듣지 않고, 눈으로는 다른 사람의 단점을 보지 않으며, 입으로는 다른 사람의 허물을 말하지 않아야 군자에 가까우니라.

말을 삼가라

蔡伯喈曰 喜怒在心이요 言出於口이니 不可不愼이니라
채 백 개 왈 희 노 재 심　　　언 출 어 구　　　불 가 불 신

채백개가 말하였다.
"기뻐하고 노여워하는 것은 마음속에 있고, 말은 입 밖으로 나가는 것이니 삼가지 않을 수 없느니라."

52

게으른 이는 아무것도 할 수 없다

宰予晝寢이어늘 子曰 朽木은 不可雕也요
재 여 주 침   자 왈 후 목   불 가 조 야

糞土之墻은 不可杇也니라
분 토 지 장   불 가 오 야

재여가 낮잠 자는 것을 보고, 공자가 말하였다.
"썩은 나무에는 조각을 하지 못하고, 더러운 흙으로 쌓은 담장은 흙
손질하지 못하느니라."

해설

교육에 대한 열정이 누구보다 컸던 공자가 낮잠을 자던 재여에게 학문에 대한 게으
름을 꾸짖은 것이다.

몸과 마음을 경계하라

紫虛元君이 誠諭心文에 曰
자허원군　성유심문　왈

福生於淸儉하고 德生於卑退하고
복생어청검　　덕생어비퇴

道生於安靜하고 命生於和暢하고
도생어안정　　명생어화창

憂生於多慾하고 禍生於多貪하고
우생어다욕　　화생어다탐

過生於輕慢하고 罪生於不仁하니라
과생어경만　　죄생어불인

戒眼하여 莫看他非하고 戒口하여 莫談他短하고
계안　　막간타비　　계구　　막담타단

戒心하여 莫自貪嗔하고 戒身하여 莫隨惡伴하라
계심　　막자탐진　　계신　　막수악반

無益之言을 莫妄說하고 不干己事를 莫妄爲하라
무익지언　막망설　　불간기사　막망위

尊君王하고 孝父母하며 敬尊長하고
존군왕　　효부모　　경존장

奉有德하며 別賢愚하고 恕無識하라
봉유덕　　별현우　　서무식

物順來而勿拒하고 物旣去而勿追하며
물순래이물거　　　물기거이물추

身未遇而勿望하고 事已過而勿思하라
신미우이물망　　　사이과이물사

聰明多暗昧요 算計失便宜니라
총명다암매　　산계실편의

損人終自失이요 依勢禍相隨니라
손인종자실　　　의세화상수

戒之在心하고 守之在氣라
계지재심　　　수지재기

爲不節而亡家하고 因不廉而失位니라
위부절이망가　　　인불렴이실위

勸君自警於平生하노니 可歎可驚而可畏니라
권군자경어평생　　　　가탄가경이가외

上臨之以天鑑하고 下察之以地祇라
상림지이천감　　　하찰지이지기

明有三法相繼하고 暗有鬼神相隨라
명 유 삼 법 상 계　　　암 유 귀 신 상 수

惟正可守요 心不可欺니 戒之戒之하라
유 정 가 수　　　심 불 가 기　　　계 지 계 지

자허원군이 『성유심문』에서 말하였다.

"복은 맑고 검소한 데서 생기고, 덕은 자신을 낮추고 겸손한 데서 생기고, 도는 편안하고 고요한 데서 생기고, 생명은 조화롭고 화창한 데서 생기고, 근심은 욕심이 많은 데서 생기고, 화는 탐욕이 많은 데서 생기고, 허물은 경솔하고 교만한 데서 생기고, 죄악은 어질지 못한 데서 생기느니라.

눈을 경계하여 다른 사람의 그릇됨을 보지 말고, 입을 경계하여 다른 사람의 단점을 말하지 말고, 마음을 경계하여 탐내고 성내지 말고, 몸을 경계하여 나쁜 벗을 따르지 마라. 유익하지 않은 말을 함부로 하지 말고, 나와 관계없는 일은 함부로 관여하지 마라.

임금을 높이고, 부모에게 효도하며, 어른을 공경하고, 덕이 있는 사람을 받들며, 지혜로운 사람과 어리석은 사람을 분별하고, 무지한 사람을 너그럽게 대하라.

사물이 순리대로 오거든 물리치지 말고, 사물이 이미 지나갔거든 뒤쫓지 말며, 좋은 때를 만나지 못했거든 바라지 말고, 일이 이미 지나갔거든 생각지 마라.

총명한 사람도 어두운 때가 많고, 잘 세운 계획도 편의를 잃는 수가 있다. 다른 사람에게 손해를 입히면 결국 자신도 손실을 입고, 권세에 기대면 재앙이 따르게 된다.

마음을 경계하고 기운을 지켜야 한다. 절약하지 않으면 집안이 망하고, 청렴하지 않으면 지위를 잃는다.

그대에게 평생을 두고 스스로 경계하기를 권하노니, 탄식하며 깨우치고 두려워하라. 위로는 하늘의 거울이 굽어보고, 아래로는 땅의 신령이 살피고 있다. 밝은 곳에서는 세 가지 법이 서로 이어 있고, 어두운 곳에서는 귀신이 서로 잇따른다. 오직 바른길을 지키고 마음을 속이지 말 것이니 경계하고 경계하라."

제6편

안분 安分

'안분安分'이란 자기에게 주어진 분수를 지키며
편안 마음으로 살 것을 종용하는 것이다.
분수를 지킨다는 것은 자신이 처한 상황에 불평불만하지 않고
그 안에서 끊임없이 노력하며, 이에 만족하고 사는 것이다.

만족은 즐거움을, 탐욕은 근심을 부른다

景行錄에 云 知足可樂이나 務貪則憂니라
경행록   운 지족가락   무탐즉우

『경행록』에서 말하였다.
"만족할 줄 알면 즐거울 것이나, 탐욕에 힘쓰면 근심하느니라."

만족할 줄 알면 빈천한 가운데도 즐거움이 있다

知足者는 貧賤亦樂하고 不知足者는 富貴亦憂니라
지족자   빈천역락   부지족자   부귀역우

만족할 줄 아는 사람은 가난하고 비천하더라도 즐거워하고, 만족할
줄 모르는 사람은 부귀를 누려도 근심하느니라.

필요 이상의 생각과 행동은 해로울 뿐이다

濫想은 徒傷神이요 妄動은 反致禍니라
남상   도상신   망동   반치화

분수에 넘치는 생각은 한갓 정신만 상하게 할 뿐이요, 망령된 행동은
도리어 재앙을 부르느니라.

만족을 알고 그쳐야 할 때를 알면
일생이 편안하다

知足常足이면 終身不辱하고 知止常止면 終身無恥니라
지족상족   종신불욕   지지상지   종신무치

만족할 줄을 알아 항상 만족하면 평생토록 욕됨이 없고, 그칠 줄을
알아 항상 그치면 평생토록 부끄러움이 없느니라.

겸손하라

書經_에 曰 滿招損_{하고} 謙受益_{이니라}
서 경   왈 만초손   겸수익

『서경』에서 말하였다.
"가득 차면 덜어내게 마련이고, 겸손하면 이익을 얻느니라."

자기 분수에 만족하여
마음 편안한 것이 제일이다

安分吟_에 曰 安分身無辱_{이요} 知機心自閑_{이라}
안분음   왈 안분신무욕   지기심자한

雖居人世上_{이나} 却是出人間_{이니라}
수거인세상   각시출인간

『안분음』에서 말하였다.
"분수에 편안해하면 몸에 욕됨이 없고, 기미를 알면 마음이 절로 한
가하니라. 비록 인간 세상에 산다고 하더라도 인간 세상을 벗어난 것
이니라."

주제 넘는 참견은 하지 말라

子曰 不在其位면 不謀其政이니라
자왈 부재기위   불모기정

공자가 말하였다.
"그 자리에 있지 않으면 그 정사를 논하지 말지니라."

제7편

존심 存心

'존심存心'은 마음을 보존하라는 뜻으로
철저한 자기관리와,
어떠한 상황에서도 흔들림 없이 한결같은 마음을
유지할 것을 촉구하고 있다.

存心

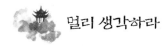 **멀리 생각하라**

景行錄에 云 坐密室如通衢하고
경 행 록　운 좌 밀 실 여 통 구

馭寸心如六馬하면 可免過니라
어 촌 심 여 육 마　　　가 면 과

『경행록』에서 말하였다.
"밀실에 앉아 있더라도 사통팔달의 대로에 있듯이 하고, 작은 마음
을 제어하기를 여섯 필의 말을 부리듯이 하면 허물을 면할 수 있느
니라."

부귀는 재천이라

擊壤詩에 云 富貴如將智力求라면 仲尼年少合封侯라
격 양 시　운 부 귀 여 장 지 력 구　　중 니 연 소 합 봉 후

世人不解靑天意하고 空使身心半夜愁니라
세 인 불 해 청 천 의　　공 사 신 심 반 야 수

『격양시』에서 말하였다.

"부귀를 만일 지혜나 힘으로 얻을 수 있다면 중니(공자)는 젊은 나이
에 마땅히 제후에 봉해졌을 것이리라. 세상 사람들은 저 푸른 하늘
의 뜻을 알지 못하고, 부질없이 몸과 마음을 한밤중까지 근심하게
하느니라."

다른 사람을 꾸짖는 마음으로 자신을 꾸짖고
자신을 용서하는 마음으로 다른 사람을 용서하라

范忠宣公이 戒子弟曰 人雖至愚나 責人則明하고

범 충 선 공　　계 자 제 왈　인 수 지 우　　책 인 즉 명

雖有聰明이나 恕己則昏이라

수 유 총 명　　　서 기 즉 혼

爾曹는 但當以責人之心으로 責己하고

이 조　　단 당 이 책 인 지 심　　　책 기

恕己之心으로 恕人하면 則不患不到聖賢地位也니라

서 기 지 심　　　서 인　　즉 불 환 부 도 성 현 지 위 야

범충선공이 자제를 훈계하여 말하였다.

"사람이 비록 지극히 어리석을지라도 다른 사람을 꾸짖는 데는 밝고,
비록 총명할지라도 자신을 용서함에는 어두우니라. 너희들은 마땅히
다른 사람을 꾸짖는 마음으로 자신을 꾸짖고, 자신을 용서하는 마음
으로 다른 사람을 용서한다면 성현의 경지에 이르지 못할까 근심할
것이 없느니라."

갖추었지만 없는 듯 해야 할 것

子曰 聰明思睿라도 守之以愚하고 功被天下라도 守之以讓하고
자 왈 총 명 사 예   수 지 이 우   공 피 천 하   수 지 이 양

勇力振世라도 守之以怯하고 富有四海라도 守之以謙이니라
용 력 진 세   수 지 이 겁   부 유 사 해   수 지 이 겸

공자가 말하였다.

"총명하고 생각이 깊을지라도 어리석음으로 이를 지켜야 하고, 공적이 천하를 뒤덮을지라도 사양함으로 이를 지켜야 하고, 용맹함이 세상에 떨칠지라도 두려워함으로 이를 지켜야 하고, 부유하여 온 천하를 갖고 있더라도 겸손함으로 이를 지켜야 하느니라."

베푼 은혜는 잊고, 힘들었던 시절은 잊지 말라

素書에 云 薄施厚望者는 不報하고
소서   운 박시후망자   불보

貴而忘賤者는 不久니라
귀이망천자   불구

『소서』에서 말하였다.
"박하게 베풀고서 후하게 바라는 사람에게는 보답이 없고, 귀하게 되었다고 비천했던 때를 잊은 사람은 오래가지 못하느니라."

 은혜를 베풀 때에는 보답을 바라지 말라

施恩勿求報하고 與人勿追悔하라
시은물구보   여인물추회

은혜를 베풀었거든 보답을 바라지 말고, 남에게 주었거든 뒤에 뉘우쳐 아깝다 여기지 마라.

담력은 크게, 마음은 세심하게 갖추라

孫思邈曰 膽欲大而心欲小하고 知欲圓而行欲方하라
손 사 막 왈   담 욕 대 이 심 욕 소   지 욕 원 이 행 욕 방

손사막이 말하였다.

"담력은 크게 가져야 하되 마음은 세심해야 하고, 지혜는 통달해야
하되 행동은 방정方正해야 하느니라."

 ## 늘 신중히 생각하고 조심하라

念念要如臨戰日하고 心心常似過橋時하라
염 념 요 여 림 전 일   심 심 상 사 과 교 시

생각은 전쟁터에 나가는 날처럼 하고, 마음은 항상 외나무다리를 건
널 때와 같이 하라.

마음에 거리낌이 없게 하라

懼法이면 朝朝樂이요 欺公이면 日日憂니라
구 법　　조 조 락　　 기 공　　 일 일 우

법을 두려워하면 아침마다 즐겁고, 공적인 일을 속이면 날마다 근심
하게 되느니라.

 ## 말을 조심하라

朱文公曰 守口如瓶하고 防意如城하라
주 문 공 왈 수 구 여 병　　　 방 의 여 성

주문공(주자)이 말하였다.
"입 단속하기를 병마개 막듯 하고, 생각 막기를 성문 지키듯 하라."

마음에 거리낌은 얼굴에 나타난다

心不負人이면 面無慙色이니라
심 불 부 인   면 무 참 색

마음속으로 다른 사람을 저버리지 않으면 얼굴에 부끄러운 기색이
없느니라.

 ## 필요 이상의 생각과 계획

人無百歲人이나 枉作千年計니라
인 무 백 세 인   왕 작 천 년 계

백 년을 사는 사람은 없건만 부질없이 천 년의 계획을 세우느니라.

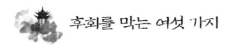 **후회를 막는 여섯 가지**

寇萊公이 六悔銘에 云
구 래 공   육 회 명   운

官行私曲이면 失時悔하고 富不儉用이면 貧時悔니라
관 행 사 곡   실 시 회   부 불 검 용   빈 시 회

藝不少學이면 過時悔하고 見事不學이면 用時悔니라
예 불 소 학   과 시 회   견 사 불 학   용 시 회

醉後狂言이면 醒時悔하고 安不將息이면 病時悔니라
취 후 광 언   성 시 회   안 부 장 식   병 시 회

구래공이 『육회명』에서 말하였다.

"벼슬아치가 사사롭게 부정한 일을 행하면 벼슬을 잃었을 때 후회하고, 부유할 적에 아껴 쓰지 않으면 가난해졌을 때에 후회하느니라. 젊었을 때 재주를 배우지 않으면 시기가 지나고서 후회하고, 일을 보고 배우지 않으면 필요하게 되었을 때에 후회하느니라. 술 취한 뒤에 함부로 말하면 깨어났을 때 후회하고, 건강할 때 휴식을 취하지 않으면 병든 뒤에 후회하느니라."

부유하면서 근심 많은 것보다
가난해도 마음 편한 것이 낫다

益智書에 云 寧無事而家貧이언정 莫有事而家富요
익 지 서   운 영 무 사 이 가 빈   막 유 사 이 가 부

寧無事而住茅屋이언정 不有事而住金屋이요
영 무 사 이 주 모 옥   불 유 사 이 주 금 옥

寧無病而食麤飯이언정 不有病而服良藥이니라
영 무 병 이 식 추 반   불 유 병 이 복 양 약

『익지서』에서 말하였다.

"근심 없이 가난하게 살지언정 근심하면서 부유하지 말 것이요, 근심 없이 초가집에 살지언정 근심하며 좋은 집에서 살지 말 것이요, 병 없이 거친 밥을 먹을지언정 좋은 약을 먹으면서 병치레하지 말지니라."

마음의 평안이 행복의 근본

心安이면 茅屋穩하고 性定이면 菜羹香이니라
심안   모옥온   성정   채갱향

마음이 편안하면 초가집이라도 평온하고, 성품이 안정되면 나물국도
향기로우니라.

 ## 다른 사람의 잘못에는 너그럽게,
자신의 잘못에는 엄하게 하라

景行錄에 云 責人者는 不全交요 自恕者는 不改過니라
경행록   운 책인자   부전교   자서자   불개과

『경행록』에서 말하였다.
"남을 잘 책망하는 자는 사귐을 온전히 할 수 없고, 자신의 잘못을 용
서하는 자는 허물을 고치지 못하느니라."

 하늘이 안다

夙興夜寐所思忠孝者는 人不知나 天必知之요
숙 흥 야 매 소 사 충 효 자   인 부 지   천 필 지 지

飽食煖衣怡然自衛者는 身雖安이나 其如子孫何오
포 식 난 의 이 연 자 위 자   신 수 안   기 여 자 손 하

아침 일찍 일어나 밤늦게 잠들기까지 충효를 생각하는 사람은 다른
사람이 알아주지 않더라도 하늘은 반드시 알 것이요, 배불리 먹고 따
뜻하게 입고 안락하게 제 몸 하나 지키는 사람은 몸은 비록 편안하나
그 자손들은 어찌 되겠는가?

처자를 생각하는 마음으로 어버이를 섬겨라

以愛妻子之心으로 事親이면 則曲盡其孝요
이 애 처 자 지 심   사 친   즉 곡 진 기 효

以保富貴之心으로 奉君이면 則無往不忠이요
이 보 부 귀 지 심   봉 군   즉 무 왕 불 충

以責人之心으로 責己면 則寡過요
이 책 인 지 심   책 기   즉 과 과

以恕己之心으로 恕人이면 則全交니라
이 서 기 지 심   서 인   즉 전 교

아내와 자식을 사랑하는 마음으로 어버이를 섬긴다면 그 효도는 극
진할 것이요, 부귀를 보전하려는 마음으로 임금을 받든다면 어디를
가더라도 충성스럽지 않음이 없을 것이요, 다른 사람을 꾸짖는 마음
으로 자신을 꾸짖으면 허물이 적을 것이요, 자기를 용서하는 마음으
로 다른 사람을 용서하면 사귐을 온전히 할 것이니라.

이익과 사사로운 생각이 앞서면 올바르지 못하게 된다

爾謀不臧이면 悔之何及이며 爾見不長이면 敎之何益이리오
이모부장　회지하급　이견부장　교지하익

利心專則背道요 私意確則滅公이니라
이심전즉배도　사의확즉멸공

그 도모한 일이 옳지 못했다면 후회한들 무슨 소용이 있겠으며, 그 견해가 바르지 못하면 가르친들 무슨 유익함이 있으리오. 이익을 생각하는 마음만으로 임하면 도리를 어기게 되고, 사사로운 생각이 확고하면 공정함을 해치게 되느니라.

일은 만드는 만큼 생기게 된다

生事면 事生이요 省事면 事省이니라
생사　사생　생사　사생

일을 만들면 일이 생기고, 일을 덜면 일이 줄어지느니라.

제8편

계성 戒性

한번 쏟아진 물을 다시 담을 수 없는 것처럼,
한번 흐트러진 성품도 돌이킬 수 없다고 여겨
늘 성품을 경계하라고 권유하며,
특히 '인내'의 덕목을 강조하고 있다.

戒性

성품도 예법으로 다스려야 한다

景行錄에 云 人性은 如水하여
경 행 록   운 인 성   여 수

水一傾則不可復이요 性一縱則不可反이니
수 일 경 즉 불 가 복   성 일 종 즉 불 가 반

制水者는 必以堤防하고 制性者는 必以禮法이니라
제 수 자   필 이 제 방   제 성 자   필 이 예 법

『경행록』에서 말하였다.
"사람의 성품은 물과 같아서 물이 한번 쏟아지면 다시금 담을 수 없
듯이, 성품이 한번 방종해지면 돌이킬 수 없으니, 물을 막으려면 반드
시 제방을 쌓아야 하고, 성품을 제어하려면 반드시 예법으로 해야 할
지니라."

한때의 분함을 참으라

忍一時之忿이면 免百日之憂니라
인 일 시 지 분   면 백 일 지 우

한때의 분함을 참으면 백 일의 근심을 면할 수 있느니라.

참고 경계하지 않으면 작은 일도 크게 만든다

得忍且忍하고 得戒且戒하라
득 인 차 인   득 계 차 계

不忍不戒면 小事成大니라
불 인 불 계   소 사 성 대

참을 수 있으면 참고, 경계할 수 있으면 경계하라. 참지 못하고 경계
하지 않으면 사소한 일이 크게 되느니라.

이치에 통달하면 마음에 평화가 온다

愚濁生嗔怒는 皆因理不通이라
우 탁 생 진 노   개 인 리 불 통

休添心上火하고 只作耳邊風하라
휴 첨 심 상 화   지 작 이 변 풍

長短家家有요 炎凉處處同이라
장 단 가 가 유   염 량 처 처 동

是非無實相하여 究竟摠成空이니라
시 비 무 실 상   구 경 총 성 공

어리석고 흐리멍덩한 사람이 화를 내는 것은 모두 이치에 통하지 못
했기 때문이다. 마음에 화를 더하지 말고 다만 귓가를 스치는 바람으
로 여겨라. 장점과 단점은 누구에게나 있고, 세상 인정의 후함과 박함
은 어느 곳이나 같으니라. 옳고 그름이란 실상이 없어서 결국에는 모
두 헛것이 되느니라.

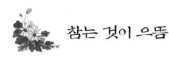 참는 것이 으뜸

子張이 欲行에 辭於夫子할새 願賜一言爲修身之美하나이다
자장 욕행 사어부자 원사일언위수신지미

子曰 百行之本은 忍之爲上이니라
자왈 백행지본 인지위상

子張曰 何爲忍之잇고
자장왈 하위인지

子曰 天子忍之면 國無害하고
자왈 천자인지 국무해

諸侯忍之면 成其大하고 官吏忍之면 進其位하고
제후인지 성기대 관리인지 진기위

兄弟忍之면 家富貴하고 夫妻忍之면 終其世하고
형제인지 가부귀 부처인지 종기세

朋友忍之면 名不廢하고 自身忍之면 無禍害니라
붕우인지 명불폐 자신인지 무화해

자장이 길을 떠나려 할 때, 공자에게 하직 인사를 고하며 여쭈었다.
"원컨대 한 말씀 하여 주시면 몸을 닦는 미덕으로 삼고자 합니다."
공자가 말하였다.
"모든 행실의 근본은 참는 것이 으뜸이니라."
자장이 여쭈었다.

"참으면 어찌 되는 것입니까?"

공자가 말하였다.

"천자가 참으면 나라에 해가 없고, 제후가 참으면 나라가 커질 것이며, 벼슬아치가 참으면 지위가 올라갈 것이며, 형제 간에 참으면 집안이 부귀해지고, 부부 간에 참으면 평생을 함께할 수 있고, 친구 간에 참으면 명예가 떨어지지 않고, 자신이 참으면 재앙이 없느니라."

무릇 사람이라면 참을 줄 알아야 한다

子張曰 不忍則如何잇고
자장왈 불인즉여하

子曰 天子不忍이면 國空虛하고
자왈 천자불인   국공허

諸侯不忍이면 喪其軀하고 官吏不忍이면 刑法誅하고
제후불인   상기구   관리불인   형법주

兄弟不忍이면 各分居하고 夫妻不忍이면 令子孤하고
형제불인   각분거   부처불인   영자고

朋友不忍이면 情意疎하고 自身不忍이면 患不除니라
붕우불인   정의소   자신불인   환부제

子張曰 善哉善哉라 難忍難忍이여
자장왈 선재선재   난인난인

非人不忍이요 不忍非人이로다
비인불인   불인비인

자장이 여쭈었다.
"참지 않으면 어찌 되는 것입니까?"
공자가 말하였다.
"천자가 참지 않으면 나라가 황폐해질 것이고, 제후가 참지 않으면
그 몸을 잃고, 벼슬아치가 참지 않으면 형법에 의하여 죽고, 형제 간

에 참지 않으면 서로 헤어져 살게 되고, 부부 간에 참지 않으면 자식을 외롭게 만들고, 친구 간에 참지 않으면 정과 의리가 소원해지고, 자신이 참지 않으면 근심이 없어지지 않을 것이니라."

자장이 말하였다.

"참으로 좋은 말씀이구나. 참는 것은 어렵고도 어려우니, 사람이 아니면 참지 못하고, 참지 못하면 사람이 아니로구나."

하늘을 향해 뱉는 침은 자기에게 떨어진다

惡人罵善人하거든 善人摠不對하라
악 인 매 선 인   선 인 총 부 대

不對心淸閑이요 罵者口熱沸니라
부 대 심 청 한   매 자 구 열 비

正如人唾天하여 還從己身墜니라
정 여 인 타 천   환 종 기 신 추

악한 사람이 선한 사람을 욕하거든 선한 사람은 전연 대응하지 마라.
대응하지 않는 사람은 마음이 맑고 한가로울 것이요, 욕하는 자의 입
은 뜨겁게 끓어오르리라. 마치 사람이 하늘을 향해 침을 뱉으면 도리
어 자기 몸에 떨어지는 것과 같으니라.

남의 비방에 내 귀를 막으면
그 비방은 헛된 것이 된다

我若被人罵라도 佯聾不分說하라
아 약 피 인 매   양 롱 불 분 설

譬如火燒空하여 不救自然滅이라
비 여 화 소 공   불 구 자 연 멸

我心等虛空이어늘 摠爾飜脣舌이니라
아 심 등 허 공   총 이 번 순 설

만약 다른 사람에게 욕을 듣더라도 귀먹은 체하고 시비를 가려 말하
지 마라. 비유하자면 불이 허공에서 타다가 끄지 않아도 저절로 사그
라지는 것과 같다. 내 마음은 허공과 같으니 결국 상대는 입술과 혀
만 나불거릴 뿐이니라.

이기기를 좋아하면 반드시 적을 만난다

景行錄에 云 屈己者는 能處重하고 好勝者는 必遇敵이니라
경행록 운 굴기자   능처중   호승자   필우적

『경행록』에서 말하였다.
"자기를 굽힐 줄 아는 사람은 중요한 지위에 오를 수 있고, 이기기를
좋아하는 사람은 반드시 적을 만나느니라."

매사 인정을 남겨두라

凡事留人情이면 後來好相見이니라
범사유인정   후래호상견

모든 일에 인정을 남겨두면 뒷날에 좋은 얼굴로 서로 보게 되느니라.

제9편

근학 勤學

이 편에서는 사람은 배우면 배울수록
사물의 이치를 알게 되고 인간의 도리를 갖추게 된다고 말하고 있다.
그러므로 사람으로 태어난 이상, 늘 배움에 힘써야 한다는 것이다.

勤學

뜻을 두텁게 다지면 인은 절로 생겨난다

子夏曰 博學而篤志하고 切問而近思하면 仁在其中矣니라
자하왈 박학이독지　　절문이근사　　　인재기중의

자하가 말하였다.
"널리 배워 뜻을 두텁게 하고, 묻기를 절실히 하고 생각을 가까이 하면 인仁은 그 가운데 있느니라."

 ## 배우는 사람이 세상을 널리 본다

莊子曰 人之不學이면 如登天而無術하고
장자왈 인지불학　　여등천이무술

學而智遠이면 如披祥雲而覩靑天하고 登高山而望四海니라
학이지원　　여피상운이도청천　　　등고산이망사해

장자가 말하였다.
"사람이 배우지 않으면 하늘에 오르려 하되 재주가 없는 것과 같고, 배워서 지혜가 원대해지면 상서로운 구름을 헤치고 푸른 하늘을 보는 것과 같고, 높은 산에 올라 온 세상을 내려다보는 것과 같으니라."

배움은 곧 빛이 된다

太公曰 人生不學이면 如冥冥夜行이니라
태 공 왈 인 생 불 학　　　　여 명 명 야 행

태공이 말하였다.

"사람이 태어나 배우지 않으면 어두운 밤길을 가는 것과 같으니라."

배우지 않는 사람은 짐승과 다를 바 없다

韓文公曰 人不通古今이면 馬牛而襟裾니라
한 문 공 왈 인 불 통 고 금　　　　마 우 이 금 거

한문공이 말하였다.

"사람이 고금古今의 이치를 통달하지 못하면 말과 소에게 옷을 입혀
놓은 것과 같으니라."

배우는 사람은 벼와 같고, 배우지 않는 사람은 잡초와 같다

徽宗皇帝曰 學者는 如禾如稻요 不學者는 如蒿如草로다
휘종황제왈 학자   여화여도   불학자   여호여초

如禾如稻兮여 國之精糧이요 世之大寶로다
여화여도혜   국지정량   세지대보

如蒿如草兮여 耕者憎嫌하고 鋤者煩惱니라
여호여초혜   경자증혐   서자번뇌

他日面墻에 悔之已老로다
타일면장   회지이로

휘종황제가 말하였다.

"배우는 사람은 벼와 같고 배우지 않는 사람은 잡초와 같다. 벼와 같은 사람이여, 나라의 좋은 양식이 되고 세상의 큰 보배가 되는도다. 잡초와 같은 사람이여, 밭 가는 사람이 싫어하고 김 매는 사람이 귀찮아하는도다. 훗날에 담벼락을 마주하듯이 후회해도 이미 늙었도다."

사람은 부귀와 빈천에 상관없이 배워야 한다

朱文公曰 家若貧이라도 不可因貧而廢學이요
주 문 공 왈 가 약 빈   불 가 인 빈 이 폐 학

家若富라도 不可恃富而怠學이니
가 약 부   불 가 시 부 이 태 학

貧若勤學이면 可以立身이요
빈 약 근 학   가 이 입 신

富若勤學이면 名乃光榮이니라
부 약 근 학   명 내 광 영

惟見學者顯達이요 不見學者無成이니라
유 견 학 자 현 달   불 견 학 자 무 성

學者는 乃身之寶요 學者는 乃世之珍이니라
학 자   내 신 지 보   학 자   내 세 지 진

是故로 學則乃爲君子요 不學則爲小人이니
시 고   학 즉 내 위 군 자   불 학 즉 위 소 인

後之學者는 宜各勉之하라
후 지 학 자   의 각 면 지

98

주문공이 말하였다.

"집이 가난하더라도 가난으로 인하여 배움을 그쳐서는 안 되고, 집이 부유하더라도 부유함을 믿고 배움을 게을리해서는 안 되나니 가난하지만 배움에 부지런히 힘쓴다면 입신할 수 있을 것이요, 부유하면서 배움에 부지런히 힘쓴다면 이름이 빛날 것이니라. 배우는 사람이 입신출세하는 것은 보았지만 배우는 사람이 성취하지 못하는 것은 보지 못하였느니라. 배움은 몸의 보배요, 배운 사람은 세상의 보배니라. 그러므로 배우는 사람은 군자가 되고, 배우지 않는 사람은 소인이 되는 것이니 후세에 배우는 사람들은 마땅히 각각 배움에 힘써야 하느니라."

옥은 다듬어야 하고, 사람은 배워야 쓰임이 있다

禮記에 曰 玉不琢이면 不成器하고 人不學이면 不知道니라
예기　왈 옥불탁　　불성기　　인불학　　부지도

『예기』에서 말하였다.
"옥은 다듬지 않으면 그릇이 되지 못하고, 사람은 배우지 않으면 도리를 알지 못하느니라."

끊임없이 배워라

論語曰 學如不及하고 惟恐失之하라
논어 왈 학여불급　　유공실지

『논어』에서 말하였다.
"배움은 미치지 못할 듯이 여기고, 오직 배운 것을 잃을까 두려워할지니라."

제10편

훈자 訓子

자식을 가르치는 문제, 곧 교육에 대해 말하고 있다.
아무리 총명한 자식이라도 가르침을 더해주지 않으면
결국 그 총명은 빛을 발하지 못할 것이며,
자손들에게 아무리 많은 재물을 남겨준다 해도
경서 한 권을 가르치는 것만 못하다고 역설力說하며,
교육의 필요성을 강조한다.

자손들은 가르쳐야 한다

景行錄에 云 賓客不來면 門戶俗이요
경 행 록　운 빈 객 불 래　문 호 속

詩書無敎면 子孫愚니라
시 서 무 교　자 손 우

『경행록』에서 말하였다.
"손님이 찾아오지 않으면 집안이 저속해지고, 학문을 가르치지 않으면 자손이 어리석어지느니라."

 ## 현명함도 배움으로써 길러진다

莊子曰 事雖小나 不作不成이요
장 자 왈 사 수 소　부 작 불 성

子雖賢이나 不敎不明이니라
자 수 현　　불 교 불 명

장자가 말하였다.
"일이 비록 사소하다 하더라도 하지 않으면 이룰 수 없고, 자식이 비록 어질다 하더라도 가르치지 않으면 현명하지 못하느니라."

돈보다는 지식을 물려주라

漢書에 云 黃金滿籯이 不如敎子一經이요
한서　운　황금만영　　불여교자일경

賜子千金이 不如敎子一藝니라
사자천금　　불여교자일예

『한서』에서 말하였다.
"황금이 상자에 가득하여도 자식에게 경서 한 권을 가르치는 것만 못
하고, 자식에게 천금을 물려준다 하더라도 재주 하나 가르쳐 주는 것
만 못하니라."

 자식을 가르치는 것만큼 중요한 일은 없다

至樂은 莫如讀書요 至要는 莫如敎子니라
지락　막여독서　　지요　막여교자

지극히 즐거운 것에 독서만 한 것이 없고, 지극히 중요한 일에 자식
을 가르치는 것만 한 것이 없느니라.

큰 인물에게는 어진 어버이와 엄한 스승이 있다

呂榮公曰 內無賢父兄하고 外無嚴師友요 而能有成者鮮矣니라
여형공왈 내무현부형   외무엄사우   이능유성자선의

여형공이 말하였다.
"안으로는 어진 어버이와 형이 없고, 밖으로는 엄한 스승과 친구가
없이 성취를 이루는 사람은 드무니라."

남자든 여자든 배워야 한다

太公曰 男子失敎면 長必頑愚요
태공왈 남자실교   장필완우

女子失敎면 長必麤疎니라
여자실교   장필추소

태공이 말하였다.
"남자가 가르침을 받지 못하면 자라서 반드시 완악하고 어리석어지
며, 여자가 가르침을 받지 못하면 자라서 반드시 거칠고 성기게 되느
니라."

남자와 여자가 금기해야 할 것

男年長大어든 莫習樂酒하고
남 년 장 대　　　막 습 악 주

女年長大어든 莫令遊走하라
여 년 장 대　　　막 령 유 주

남자가 장성하거든 풍류나 술을 배우게 하지 말고, 여자가 장성하거든 밖으로 나돌아 놀지 못하게 하라.

 ## 엄한 부모 밑에서 효자가 난다

嚴父出孝子하고 嚴母出孝女니라
엄 부 출 효 자　　　엄 모 출 효 녀

엄한 아버지는 효자를 길러내고, 엄한 어머니는 효녀를 길러낸다.

사랑하는 아이일수록 매를 들어라

憐兒多與棒하고 憎兒多與食하라
연 아 다 여 봉　　　증 아 다 여 식

아이를 사랑하거든 매를 많이 들고, 아이를 미워하거든 먹을 것을 많이 주라.

주옥보다 자손의 현명함을 구하라

人皆愛珠玉이나 我愛子孫賢이니라
인 개 애 주 옥　　　아 애 자 손 현

사람들은 모두 주옥을 사랑하나, 나는 자손이 현명한 것을 사랑하느니라.

제11편

성심省心 상上

「성심省心」편은 본래 한 편이었는데 분량이 너무 많아
나중에 상·하로 나뉘어졌으며,
전체적으로 사람의 마음가짐이 어떠해야 하는지를 말하고 있다.
충효, 화목, 검소 및 한 길도 알 수 없는 사람의 마음이나
한 치도 알 수 없는 우리 인생 등
다루고 있는 주제도 포괄적이며, 인용되는 내용도 다양하다.

省心·上

충성과 효도에는 다함이 없다

景行錄에 云 寶貨用之有盡이나 忠孝享之無窮이니라
경 행 록   운 보 화 용 지 유 진   충 효 향 지 무 궁

『경행록』에서 말하였다.
"보물과 재물은 쓰면 다함이 있지만, 충성과 효도는 아무리 하더라도
다함이 없느니라."

 ## 가정이 화목하면 가난해도 즐겁다

家和貧也好어니와 不義富如何오
가 화 빈 야 호   불 의 부 여 하

但存一子孝니 何用子孫多리오
단 존 일 자 효   하 용 자 손 다

가정이 화목하면 가난해도 즐겁거니와 의롭지 못하면 부유한들 무엇
하리오. 효도하는 자식이 다만 하나만 있어도 족하니, 자손이 많은들
무엇하리오.

자식이 효도하면 마음에 근심이 없다

父不憂心은 因子孝요 夫無煩惱는 是妻賢이라
부불우심   인자효   부무번뇌   시처현

言多語失은 皆因酒요 義斷親疎는 只爲錢이니라
언다어실   개인주   의단친소   지위전

아버지가 마음에 근심하지 않음은 자식이 효도하기 때문이요, 남편
에게 번뇌가 없음은 아내가 어질기 때문이다. 말이 많고 말을 실수
하는 것은 모두 술 때문이요, 의리가 끊어지고 친분이 멀어지는 것은
오직 돈 때문이다.

 ## 큰 즐거움 뒤에는 근심이 따른다

旣取非常樂이어든 須防不測憂니라
기취비상락   수방불측우

정도를 벗어나는 즐거움을 누렸거든 예측할 수 없는 근심에 대비할
지니라.

편안하게 지낼 때 위태함을 생각하라

得寵思辱하고 居安慮危하라
득 총 사 욕　　거 안 여 위

총애를 받을 때에는 욕됨이 있을 것을 생각하고, 편안하게 지내고 있을 때에는 위태함이 있을 것을 생각하라.

지나친 것은 해악이 된다

甚愛必甚費요 甚譽必甚毀요
심 애 필 심 비　　심 예 필 심 훼

甚喜必甚憂요 甚臟必甚亡이니라
심 희 필 심 우　　심 장 필 심 망

지나치게 아끼면 반드시 심한 낭비를 가져오고, 지나친 칭찬은 반드시 심한 비난을 가져온다. 지나치게 기뻐함은 반드시 깊은 슬픔을 가져오고, 지나치게 쌓아두면 반드시 크게 잃을 것이니라.

누린 만큼 돌아온다

榮輕辱淺하고 利重害深이니라
영 경 욕 천   이 중 해 심

영화가 가벼우면 욕됨도 얕고, 이익이 무거우면 해로움도 깊으니라.

세상을 아는 만큼 근심도 커진다

子曰 不觀高崖면 何以知顚墜之患이며
자 왈 불 관 고 애   하 이 지 전 추 지 환

不臨深泉이면 何以知沒溺之患이며
불 림 심 천   하 이 지 몰 익 지 환

不觀巨海면 何以知風波之患이리오
불 관 거 해   하 이 지 풍 파 지 환

공자가 말하였다.
"높은 낭떠러지를 보지 않으면 어찌 굴러떨어지는 근심을 알게 되며,
깊은 연못에 가지 않으면 어찌 빠져 죽는 근심을 알게 되며, 큰 바다
를 보지 못하면 어찌 거센 파도의 근심을 알게 되리오."

과거에 비추어 미래를 안다

欲知未來어든 先察已然이니라
욕 지 미 래   선 찰 이 연

앞으로 올 일을 알고자 하거든 먼저 지나간 일을 살펴볼지니라.

 ## 지나간 일로 현재를 안다

子曰 明鏡은 所以察形이요 往古는 所以知今이니라
자 왈 명 경   소 이 찰 형   왕 고   소 이 지 금

공자가 말하였다.
"밝은 거울은 모습을 살피는 것이요, 지나간 일은 현재를 아는 것이
니라."

미래는 알 수 없는 것이다

過去事는 明如鏡이요 未來事는 暗似漆이니라
과거사   명여경   미래사   암사칠

지나간 일은 거울과 같이 밝고, 다가올 일은 칠흑과 같이 어두우니라.

 ## 미래의 일은 단정할 수 없는 것이다

景行錄에 云 明朝之事를 薄暮不可必이요
경행록   운 명조지사   박모불가필

薄暮之事를 晡時不可必이니라
박모지사   포시불가필

『경행록』에서 말하였다.
"내일 아침의 일을 오늘 저녁에 단정할 수 없고, 저녁의 일을 오후에
단정할 수 없느니라."

사람 일은 예측할 수 없다

天有不測風雨요 人有朝夕禍福이니라
천 유 불 측 풍 우　인 유 조 석 화 복

하늘에는 예측할 수 없는 비바람이 있고, 사람에게는 아침저녁으로
화와 복이 있느니라.

 ## 백 년을 지키기 어렵다

未歸三尺土에는 難保百年身이요
미 귀 삼 척 토　난 보 백 년 신

已歸三尺土하여는 難保百年墳이니라
이 귀 삼 척 토　난 보 백 년 분

석 자 흙 속으로 돌아가지 않고서는 백 년 동안 몸을 보전하기 어렵
고, 이미 석 자 흙 속으로 돌아가면 백 년 동안 무덤을 보전하기 어려
우니라.

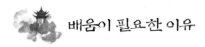
배움이 필요한 이유

景行錄에 云
경 행 록   운

木有所養이면 則根本固하고 而枝葉茂하여 棟樑之材成하고
목 유 소 양   즉 근 본 고   이 지 엽 무   동 량 지 재 성

水有所養이면 則泉源壯하고 而流派長하여 灌漑之利博하니라
수 유 소 양   즉 천 원 장   이 류 파 장   관 개 지 리 박

人有所養이면 則志氣大하고 而識見明하여 忠義之士出이니
인 유 소 양   즉 지 기 대   이 식 견 명   충 의 지 사 출

可不養哉아
가 불 양 재

『경행록』에서 말하였다.

"나무를 잘 기르면 뿌리가 튼튼하고 가지와 잎이 무성하여 기둥과 들
보로 쓸 재목을 이루고, 물을 잘 관리하면 물의 근원이 왕성하고 흐
름이 길어서 관개의 이로움이 널리 베풀어진다. 사람을 잘 기르면 뜻
과 기상이 크고 식견이 밝아져서 충성스럽고 의로운 선비가 나오니
어찌 기르지 않겠는가."

타인에 대한 믿음은
자신에 대한 믿음에서 비롯된다

自信者는 人亦信之하여 吳越皆兄弟요
자 신 자 　 인 역 신 지 　 　 오 월 개 형 제

自疑者는 人亦疑之하여 身外皆敵國이니라
자 의 자 　 인 역 의 지 　 　 신 외 개 적 국

자신을 믿는 사람은 다른 사람 또한 믿으니 오나라와 월나라와 같은
원수일지라도 모두 형제처럼 될 수 있고, 자신을 의심하는 사람은 다
른 사람 또한 의심하니 자신 외에는 모두 적국이 되느니라.

사람을 썼으면 의심하지 말라

疑人莫用하고 用人勿疑니라
의 인 막 용 　 　 용 인 물 의

사람을 의심하거든 쓰지 말고, 사람을 쓰거든 의심하지 말지니라.

아무리 가까이 있어도
사람의 마음은 헤아릴 수 없다

諷諫에 云 水底魚天邊雁은 高可射兮低可釣어니와
풍 간　운 수 저 어 천 변 안　고 가 사 혜 저 가 조

惟有人心咫尺間이라도 咫尺人心不可料니라
유 유 인 심 지 척 간　　　지 척 인 심 불 가 료

『풍간』에서 말하였다.

"물속의 물고기와 하늘의 기러기는 높아도 쏘아 잡고 깊어도 낚아
잡지만, 사람의 마음은 지척 간에 있을지라도 도무지 헤아릴 수 없
느니라."

사람의 마음은 알 수 없는 것이다

畫虎畵皮難畵骨이요 知人知面不知心이니라
화 호 화 피 난 화 골　　지 인 지 면 부 지 심

호랑이를 그리되 가죽은 그릴 수 있으나 뼈는 그리기 어렵고, 사람을
알되 얼굴은 알아도 마음은 알지 못하느니라.

몸이 가까이 있다고 마음이 통하는 것은 아니다

對面共話하되 心隔千山이니라
대 면 공 화　　심 격 천 산

얼굴을 맞대고 서로 이야기하되 마음은 천산만큼이나 떨어져 있느
니라.

사람의 마음은 끝내 알 수 없다

海枯終見底나 人死不知心이니라
해 고 종 견 저   인 사 부 지 심

바다는 마르면 마침내 그 밑바닥을 볼 수 있으나 사람은 죽어도 그
마음을 알지 못하느니라.

 ## 바닷물의 양을 헤아릴 수 없듯
사람의 속도 알 수 없다

太公曰 凡人不可逆相이요 海水不可斗量이니라
태 공 왈 범 인 불 가 역 상   해 수 불 가 두 량

태공이 말하였다.
"무릇 사람은 모습으로 판단할 수 없고, 바닷물은 말斗로 헤아릴 수
없느니라."

스스로 초래하는 재앙

景行錄에 云 結怨於人은 謂之種禍요
경 행 록   운 결 원 어 인   위 지 종 화

捨善不爲는 謂之自賊이니라
사 선 불 위   위 지 자 적

『경행록』에서 말하였다.
"다른 사람과 원수를 맺는 것은 재앙의 씨를 뿌리는 일이요, 선을 버리고 행하지 않는 것은 스스로를 해치는 일이니라."

 한쪽의 말만 듣고 판단하지 말라

若聽一面說이면 便見相離別이니라
약 청 일 면 설   변 견 상 이 별

만약 한쪽의 말만 들으면 곧 서로 사이가 멀어지게 됨을 볼 것이니라.

배부르고 따뜻하면 욕망이 싹튼다

飽煖思淫慾하고 飢寒發道心이니라
포 난 사 음 욕   기 한 발 도 심

배부르고 따뜻하면 음욕이 생기고, 굶주리고 추우면 올바른 생각이
일어나느니라.

 ## 재물 많음은 해가 된다

疏廣曰 賢人多財면 則損其志하고
소 광 왈 현 인 다 재   즉 손 기 지

愚人多財면 則益其過니라
우 인 다 재   즉 익 기 과

소광이 말하였다.

"어진 사람이 재물이 많으면 그 지조를 잃게 되고, 어리석은 사람이
재물이 많으면 그 허물을 더하게 되느니라."

가난하면 지혜도 짧아지게 마련이다

人貧智短하고 福至心靈이니라
인 빈 지 단　　복 지 심 령

사람이 가난하면 지혜도 짧아지고, 복이 이르면 마음도 어질어지느
니라.

 ## 겪은 만큼 생각하게 된다

不經一事면 不長一智니라
불 경 일 사　　부 장 일 지

한 가지의 일을 경험하지 않으면 한 가지 지혜도 자라지 않느니라.

내가 새기지 않는 시비는 곧 있지 않은 것이다

是非終日有라도 不聽自然無니라
시 비 종 일 유　　　 불 청 자 연 무

시비가 종일토록 있을지라도 듣지 않으면 저절로 없어지느니라.

 ## 남의 시비를 말하는 사람은
곧 시비를 거는 사람이다

來說是非者는 便是是非人이니라
내 설 시 비 자　　　 변 시 시 비 인

와서 남의 시비를 말하는 사람은 바로 나에게 시비를 거는 사람이
니라.

진짜 훌륭한 사람의 이름은
사람들의 입으로 전해지며 남는다

擊壤詩에 云 平生不作皺眉事하면 世上應無切齒人이니
격 양 시　운 평 생 부 작 추 미 사　　세 상 응 무 절 치 인

大名豈有鐫頑石인가 路上行人口勝碑니라
대 명 기 유 전 완 석　　노 상 행 인 구 승 비

『격양시』에서 말하였다.

"평생에 눈썹 찌푸릴 일을 하지 않으면 세상에 이를 갈 사람이 없을
것이니, 큰 이름을 어찌 무딘 돌에 새길 것인가. 길 가는 사람의 입이
비석보다 나으니라."

훌륭한 인품은 절로 널리 알려지게 된다

有麝自然香이니 何必當風立이리오
유 사 자 연 향　　하 필 당 풍 립

사향을 지녔으면 저절로 향기가 퍼지니, 어찌 꼭 바람을 향하여 서겠
는가?

복과 권세가 다하는 날을 생각하라

有福莫享盡하라 福盡身貧窮이라
유 복 막 향 진　　　복 진 신 빈 궁

有勢莫使盡하라 勢盡寃相逢이니라
유 세 막 사 진　　　세 진 원 상 봉

福兮常自惜하고 勢兮常自恭하라
복 혜 상 자 석　　　세 혜 상 자 공

人生驕與侈는 有始多無終이니라
인 생 교 여 치　　　유 시 다 무 종

복이 있다고 하여 다 누리지 마라. 복이 다하면 몸이 빈궁해질 것이다. 권세가 있다고 하여 함부로 부리지 마라. 권세가 다하면 원수와 서로 만나게 되느니라. 복이 있을 때 항상 스스로 아끼고, 권세가 있을 때 항상 스스로 공손하라. 사람이 살면서 교만과 사치는, 시작은 있지만 끝이 없는 경우가 많으니라.

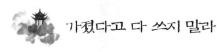 가졌다고 다 쓰지 말라

王參政이 四留銘에 曰 留有餘不盡之巧하여 以還造物하고
왕 참 정   사 류 명   왈 유 유 여 부 진 지 교   이 환 조 물

留有餘不盡之祿하여 以還朝廷하고
유 유 여 부 진 지 록   이 환 조 정

留有餘不盡之財하여 以還百姓하고
유 유 여 부 진 지 재   이 환 백 성

留有餘不盡之福하여 以還子孫하라
유 유 여 부 진 지 복   이 환 자 손

왕참정이 『사류명』에서 말하였다.
"여유를 두어 재주를 남겨 두었다가 조물주에게 돌려주고, 여유를 두
어 봉록을 남겨 두었다가 조정에 돌려주고, 여유를 두어 재물을 남겨
두었다가 백성에게 돌려주고, 여유를 두어 복을 남겨 두었다가 자손
에게 돌려줄지니라."

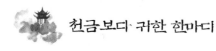

천금보다 귀한 한마디

黃金千兩未爲貴요 得人一語勝千金이니라
황금 천 냥 미 위 귀   득 인 일 어 승 천 금

황금 천 냥이 귀한 것이 아니요, 다른 사람에게 한마디 좋은 말 듣는
것이 천금보다 나으니라.

인생은 새옹지마

巧者拙之奴요 苦者樂之母니라
교 자 졸 지 노   고 자 낙 지 모

재주 있는 사람은 재주 없는 사람의 종이요, 괴로움은 즐거움의 어머
니이니라.

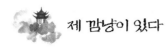 **제 깜냥이 있다**

小船難堪重載요 深逕不宜獨行이니라

소 선 난 감 중 재　　심 경 불 의 독 행

작은 배는 무겁게 실은 것을 견디기 어렵고, 으슥한 길은 혼자 다니기에 마땅하지 않으니라.

 재물보다 마음 편한 것이 제일이다

黃金未是貴요 安樂値錢多니라

황 금 미 시 귀　　안 락 치 전 다

황금이 귀한 것이 아니요, 편안하고 즐거운 것이 더 값어치 있는 것이니라.

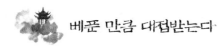 ## 베푼 만큼 대접받는다

在家不會邀賓客이면 出外方知少主人이니라
재 가 불 회 요 빈 객　　　출 외 방 지 소 주 인

집에서 손님을 맞이하여 대접할 줄 모르면 밖에 나갔을 때 비로소 자기를 맞아주는 주인이 적음을 알게 되느니라.

 ## 재물이 있으면 사람이 몰려든다

貧居면 鬧市無相識이요 富住면 深山有遠親이니라
빈 거　　요 시 무 상 식　　　부 주　　심 산 유 원 친

가난하면 시끌벅적한 저잣거리에 살아도 서로 아는 사람이 없고, 부유하면 깊은 산골에 살아도 먼 데서 찾아오는 친구가 있느니라.

세상의 인정은 돈으로 쏠린다

人義盡從貧處斷이요 世情便向有錢家니라
인 의 진 종 빈 처 단   세 정 변 향 유 전 가

사람의 의리는 다 가난한 데서 끊어지는 것이요, 세상의 인정은 곧
돈 있는 집으로 쏠리느니라.

 ## 사람의 입은 막기 어렵다

寧塞無底缸이언정 難塞鼻下橫이니라
영 색 무 저 항   난 색 비 하 횡

차라리 밑 빠진 항아리는 막을 수 있을지언정, 코 아래 가로 놓인 입
은 막기 어려우니라.

삶이 군색하면 사람들도 멀어진다

人情은 皆爲窘中疎니라
인정   개위군중소

사람의 정은 모두 군색한 가운데서 멀어지느니라.

 ## 진정한 선비는 가난을 부끄러워하지 않는다

子曰 士志於道而恥惡衣惡食者는 未足與議也니라
자왈 사지어도이치악의악식자   미족여의야

공자가 말하였다.
"선비가 도에 뜻을 두고도, 허름한 옷을 입는 것과 보잘것없는 음식
을 먹는 것을 부끄럽게 여긴다면 더불어 논할 수 없느니라."

술에는 좋은 기능도 있으나 함부로 술 마시지 말라

史記에 曰 郊天禮廟에 非酒不享이요
사기 왈 교천예묘 비주불향

君臣朋友에 非酒不義요 鬪爭相和에 非酒不勸이라
군신붕우 비주불의 투쟁상화 비주불권

故로 酒有成敗니 而不可泛飮之니라
고 주유성패 이불가범음지

『사기』에서 말하였다.

"하늘에 제사를 지내고 사당에 제례를 올릴 때 술이 아니면 흠향하지
않을 것이요, 임금과 신하, 친구와 친구 사이에는 술이 아니면 의리가
두터워지지 않을 것이요, 싸우고 나서 서로 화해함에는 술이 아니면
권하지 못할 것이다. 그러므로 술에는 성취와 실패가 있으니 함부로
마셔서는 안 되느니라."

질투하는 사람은 주변에 좋은 이를 두기 어렵다

荀子曰 士有妬友하면 則賢交不親하고
순자왈 사유투우   즉현교불친

君有妬臣하면 則賢人不至니라
군유투신   즉현인부지

순자가 말하였다.
"선비가 질투하는 벗이 있으면 현명한 벗과 사귈 수 없고, 임금이 질투하는 신하가 있으면 현명한 신하가 오지 않느니라."

 ## 하늘은 복이 없는 사람을 내지 않는다

天不生無祿之人하고 地不長無名之草니라
천불생무록지인   지부장무명지초

하늘은 복이 없는 사람을 내지 않고, 땅은 이름 없는 풀을 자라게 하지 않느니라.

큰 부자는 하늘이 내지만
작은 부자는 부지런함에 달렸다

大富由天하고 小富由勤이니라
대부유천   소부유근

큰 부자는 하늘로부터 나오고, 작은 부자는 부지런한 데서 나오느니라.

집안을 일으킬 아이와 집안을 망칠 아이

成家之兒는 惜糞如金하고 敗家之兒는 用金如糞이니라
성가지아   석분여금   패가지아   용금여분

집안을 일으킬 아이는 똥도 황금과 같이 아끼고, 집안을 망칠 아이는 돈 쓰기를 똥과 같이 여기느니라.

좋은 것도 지나치면 해가 된다

邵康節先生曰 閑居愼勿說無妨하라 纔說無妨便有妨이니라
소 강 절 선 생 왈 한 거 신 물 설 무 방   재 설 무 방 변 유 방

爽口物多能作疾이요 快心事過必有殃이라
상 구 물 다 능 작 질   쾌 심 사 과 필 유 앙

與其病後能服藥으론 不若病前能自防이니라
여 기 병 후 능 복 약   불 약 병 전 능 자 방

소강절 선생이 말하였다.

"한가하게 살 때에 삼가 신중하여 아무런 걱정거리가 없다고 말하지 마라. 걱정거리가 없다고 말하자마자 곧 걱정할 일이 있느니라. 입에 맞는 음식도 많이 먹으면 병이 되는 법이요, 마음이 즐거운 일이 지나치면 재앙이 생기느니라. 병이 난 후에 약을 먹는 것보다 병나기 전에 스스로 예방하는 것이 나으니라."

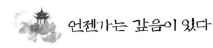 언젠가는 갚음이 있다

梓潼帝君垂訓에 曰
재 동 제 군 수 훈　　왈

妙藥難醫冤債病이요 橫財不富命窮人이라
묘 약 난 의 원 채 병　　횡 재 불 부 명 궁 인

生事事生君莫怨하고 害人人害汝休嗔하라
생 사 사 생 군 막 원　　해 인 인 해 여 휴 진

天地自然皆有報하니 遠在兒孫近在身이니라
천 지 자 연 개 유 보　　원 재 아 손 근 재 신

재동제군이 가르침을 내려 말하였다.
"신묘한 약이라도 원한 맺힌 병은 고치기 어렵고, 뜻밖에 생기는 횡
재도 운명이 곤궁한 사람은 부자로 만들지 못하느니라. 일을 생기게
해서 일이 생기는 것이니 그대는 원망하지 말고, 남을 해쳐서 남이
나를 해치는 것이니 그대는 성내지 마라. 천지자연에는 모두 갚음이
있으니 멀게는 자손에게 있고, 가깝게는 자신에게 있느니라."

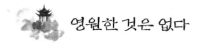 영원한 것은 없다

花落花開開又落하고 錦衣布衣更換着이라
화 락 화 개 개 우 락   금 의 포 의 경 환 착

豪家未必常富貴요 貧家未必長寂寞이라
호 가 미 필 상 부 귀   빈 가 미 필 장 적 막

扶人未必上靑霄요 推人未必塡溝壑이라
부 인 미 필 상 청 소   추 인 미 필 전 구 학

勸君凡事莫怨天하라 天意於人無厚薄이니라
권 군 범 사 막 원 천   천 의 어 인 무 후 박

꽃은 지었다 피고 피었다 또 지고, 비단옷도 삼베옷으로 갈아입게 되
느니라. 호화로운 집안이라고 해서 반드시 항상 부귀한 것은 아니며,
가난한 집안이라 하여 오랫동안 적막하지는 않다. 사람을 받쳐주더
라도 반드시 푸른 하늘까지 오르지 못하게 하고, 사람을 떠밀어도 반
드시 깊은 구렁에 떨어지지는 않느니라. 그대에게 권하노니, 모든 일
에 하늘을 원망하지 마라. 하늘의 뜻은 사람에게 후하게 하거나 박하
게 함이 없느니라.

옳지 못한 방법으로 얻은 재물은 쉽게 허물어진다

堪歎人心毒似蛇라 誰知天眼轉如車오
감 탄 인 심 독 사 사   수 지 천 안 전 여 거

去年妄取東隣物하더니 今日還歸北舍家라
거 년 망 취 동 린 물   금 일 환 귀 북 사 가

無義錢財湯潑雪이요 儻來田地水推沙라
무 의 전 재 탕 발 설   당 래 전 지 수 추 사

若將狡譎爲生計면 恰似朝開暮落花라
약 장 교 휼 위 생 계   흡 사 조 개 모 낙 화

사람의 마음이 독사와 같은 것이 한스럽도다. 하늘의 눈이 수레바퀴처럼 굴러가는 것을 누가 알겠는가. 지난해에 동쪽 이웃의 물건을 망령되게 취하였더니, 오늘은 북쪽 집으로 돌아가는구나. 의롭지 못한 금전과 재물은 끓는 물이 뿌려진 눈과 같고, 뜻밖에 얻은 논밭은 물살에 쓸리는 모래 같구나. 만약 간교한 속임수로 살아가는 방도를 삼는다면 그것은 흡사 아침에 피었다가 저녁에 지는 꽃과 같으니라.

돈으로 살 수 없는 것

無藥可醫卿相壽요 有錢難買子孫賢이니라
무 약 가 의 경 상 수   유 전 난 매 자 손 현

약으로도 공경公卿과 재상의 생명을 구할 수는 없고, 돈으로도 자손
의 현명함을 살 수는 없느니라.

 ## 마음이 한가로우면 신선이 따로 없다

一日淸閑이면 一日仙이니라
일 일 청 한   일 일 선

하루 동안 마음이 맑고 한가로우면 하루 동안 신선이 된 것이니라.

제12편

성심省心 하下

상上 편에 이어 마음을 돌아보아 성찰하라는 내용이다.
구체적인 생활덕목들을 다루는 가운데,
성리학, 불교, 도교 등의 사상이 담긴 여러 형태의 글을 만날 수 있다.
세상만사가 다 마음과 연관되어 있다는 것을 강조한다.

省心·下

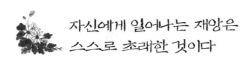
자신에게 일어나는 재앙은
스스로 초래한 것이다

眞宗皇帝御製에 曰
진 종 황 제 어 제   왈

知危識險이면 終無羅網之門이요 擧善薦賢이면 自有安身之路라
지 위 식 험   종 무 라 망 지 문   거 선 천 현   자 유 안 신 지 로

施仁布德은 乃世代之榮昌이요 懷妬報冤은 與子孫之危患이라
시 인 포 덕   내 세 대 지 영 창   회 투 보 원   여 자 손 지 위 환

損人利己면 終無顯達雲仍이요 害衆成家면 豈有長久富貴리오
손 인 이 기   종 무 현 달 운 잉   해 중 성 가   기 유 장 구 부 귀

改名異體는 皆因巧語而生이요 禍起傷身은 皆是不仁之召니라
개 명 이 체   개 인 교 어 이 생   화 기 상 신   개 시 불 인 지 소

진종황제의 『어제』에서 말하였다.

"위태로움을 알고 위험을 알면 끝까지 죄의 그물의 문에 걸리는 일이
없을 것이요, 선한 이를 추대하고 어진 이를 천거하면 저절로 몸을 편
안히 하는 길이 있느니라. 인을 베풀고 덕을 펼치면 대대로 번영하고
창성할 것이요, 시기하는 마음을 품고 원한을 갚으면 자손에게 위태
로움과 환란이 미칠 것이니라. 남을 해롭게 하여 자기를 이롭게 하면
끝내 이름을 빛낼 후손이 없을 것이요, 뭇 사람에게 해를 끼쳐 집안을
이룬다면 어찌 부귀가 오래 가겠는가. 이름을 바꾸고 신분이 달라지
는 것은 모두가 교묘한 말로 인하여 생겨나는 것이요, 재앙이 일어나
고 몸이 상하게 되는 것은 모두 어질지 못함으로 초래되는 것이니라."

나라와 집안을 잘 다스리기 위한 훈계

神宗皇帝御製에 曰
신 종 황 제 어 제   왈

遠非道之財하고 戒過度之酒하며 居必擇隣하고 交必擇友하라
원 비 도 지 재   계 과 도 지 주   거 필 택 린   교 필 택 우

嫉妬勿起於心하고 讒言勿宣於口하며
질 투 물 기 어 심   참 언 물 선 어 구

骨肉貧者莫疎하고 他人富者莫厚하라
골 육 빈 자 막 소   타 인 부 자 막 후

克己以勤儉爲先하고 愛衆以謙和爲首하며
극 기 이 근 검 위 선   애 중 이 겸 화 위 수

常思已往之非하고 每念未來之咎하라
상 사 이 왕 지 비   매 념 미 래 지 구

若依朕之斯言이면 治國家而可久니라
약 의 짐 지 사 언   치 국 가 이 가 구

신종황제의 『어제』에서 말하였다.

"도리에 맞지 않은 재물을 멀리하고, 정도에 지나치는 술을 경계하며, 이웃을 가려 거처를 정하고, 친구를 가려 교제하라. 시기와 질투를 마음에 일으키지 말고, 남을 헐뜯는 말을 입에 올리지 말며, 친지 가운데 곤궁한 사람을 홀대하지 말고, 부유한 사람을 후대하지 마라.

자신을 이겨내는 데는 부지런함과 검소함을 우선으로 삼고, 뭇 사람을 사랑하는 데는 겸손함과 온화함을 우선으로 삼아라. 항상 지난날의 잘못을 생각하고, 앞으로 올 날들의 허물을 생각하라. 나의 이 말을 따른다면 나라와 집안을 오랫동안 잘 다스릴 수 있느니라."

행복은 선을 쌓는 데에서 이루어진다

高宗皇帝御製에 曰
고종 황 제 어 제   왈

一星之火도 能燒萬頃之薪하고 半句非言도 誤損平生之德이라
일 성 지 화   능 소 만 경 지 신   반 구 비 언   오 손 평 생 지 덕

身被一縷나 常思織女之勞하고 日食三飱이나 每念農夫之苦하라
신 피 일 루   상 사 직 녀 지 로   일 식 삼 손   매 념 농 부 지 고

苟貪妬損이면 終無十載安康이요 積善存仁이면 必有榮華後裔니라
구 탐 투 손   종 무 십 재 안 강   적 선 존 인   필 유 영 화 후 예

福緣善慶은 多因積行而生이요 入聖超凡은 盡是眞實而得이니라
복 연 선 경   다 인 적 행 이 생   입 성 초 범   진 시 진 실 이 득

고종황제의 『어제』에서 말하였다.
"별똥만한 불티 한 점이 능히 만 이랑의 섶을 태울 수 있고, 반 마디
그릇된 말이 평생의 덕을 허무느니라. 몸에 실오라기 하나를 걸치더
라도 베 짜는 여인의 수고로움을 생각하고, 하루 세 끼의 밥을 먹어
도 늘 농부의 수고를 생각하라. 구차하게 재물을 탐내고 다른 사람을
시기하여 해를 끼친다면 오랫동안 편안함이 없을 것이요, 선을 쌓고
인을 보존하면 반드시 후손들에게 영화가 있으리라. 행복과 경사는
대부분 선행을 쌓는 데서 생겨나고, 성인의 경지로 들어가고 평범함
을 초월하는 것은 모두가 참되고 진실한 데서 얻어지는 것이니라."

사람을 알려거든 그 주변을 보라

王良曰 欲知其君이어든 先視其臣하고
왕 량 왈 욕 지 기 군   선 시 기 신

欲識其人이어든 先視其友하고
욕 식 기 인   선 시 기 우

欲知其父어든 先視其子하라
욕 지 기 부   선 시 기 자

君聖臣忠하고 父慈子孝니라
군 성 신 충   부 자 자 효

왕량이 말하였다.

"그 임금을 알고자 하면 먼저 그 신하를 보고, 그 사람을 알고자 하면
먼저 그 친구를 보고, 그 아버지를 알고자 하면 먼저 그 자식을 보라.
임금이 성군이면 신하도 충성스럽고, 아버지가 인자하면 자식도 효
성스러우니라."

과유불급

家語에 云 水至淸則無魚하고 人至察則無徒니라
가어   운 수지청즉무어   인지찰즉무도

『공자가어』에서 말하였다.
"물이 너무 맑으면 고기가 없고, 사람이 지나치게 따지면 따르는 사
람이 없느니라."

아무리 좋은 것도
싫어하는 사람이 있게 마련이다

許敬宗曰 春雨如膏나 行人惡其泥濘하고
허경종왈 춘우여고   행인오기이녕

秋月揚輝나 盜者憎其照鑑이니라
추월양휘   도자증기조감

허경종이 말하였다.
"봄비는 땅을 기름지게 하지만 길가는 사람은 그 진창을 싫어하고,
가을달은 휘영청 밝지만 도둑은 그 밝게 비춤을 싫어하느니라."

대장부는 죽고 사는 것을 두려워하지 않는다

景行錄에 云 大丈夫는 見善明이라 故로 重名節於泰山하고
경행록　운 대장부　견선명　　고　중명절어태산

用心精이라 故로 輕死生於鴻毛니라
용심정　　고　경사생어홍모

『경행록』에서 말하였다.
"대장부는 선을 보는 것이 밝으므로 명예와 절개를 태산보다 중하게
여기고, 오직 한 가지 일에만 마음을 쓰므로 죽고 사는 것을 기러기
털보다 가볍게 여기느니라."

 ## 다른 이의 불행은 애틋하게,
선한 일에는 함께 즐거워하라

悶人之凶하고 樂人之善하며 濟人之急하고 救人之危하라
민인지흉　　낙인지선　　제인지급　　구인지위

다른 사람의 불행을 애틋하게 여기고, 다른 사람의 선한 일에 즐거워
하며, 다른 사람의 절박함을 구제하고, 다른 사람의 위험을 구원해야
하느니라.

뒤에서 하는 말은 믿을 것이 못 된다

經目之事도 恐未皆眞이어늘
경목지사　공미개진

背後之言을 豈足深信이리오
배후지언　기족심신

눈으로 직접 본 일도 모두 진실이 아닐까 두렵거늘, 등 뒤에서 하는 말을 어찌 깊이 믿을 수 있으리오.

잘못을 자신에게서 찾지 않는 사람

不恨自家汲繩短하고 只恨他家苦井深이로다
불한자가급승단　　지한타가고정심

자기 집 두레박줄이 짧은 것은 탓하지 않고, 남의 집 우물이 깊은 것만을 탓하느니라.

모두가 균등하게 벌을 받지는 않는다

贓濫滿天下하되 罪拘薄福人이니라
장 람 만 천 하   죄 구 박 복 인

부정하게 뇌물을 취하는 사람이 천하에 가득하되 죄는 박복한 사람
만 얽어매느니라.

하늘은 반드시 벌한다

天若改常이면 不風卽雨요 人若改常이면 不病卽死니라
천 약 개 상   불 풍 즉 우   인 약 개 상   불 병 즉 사

하늘이 만약 정해진 법도를 어기면 바람이 불지 않더라도 비가 내리
고, 사람이 만일 도리를 어기면 병에 걸리지 않더라도 죽게 될 것이
니라.

선은 선을 부른다

壯元詩에 云 國正天心順하고 官淸民自安이라
장원시　운 국정천심순　　관청민자안

妻賢夫禍少하고 子孝父心寬이니라
처현부화소　　　자효부심관

『장원시』에서 말하였다.
"나라가 바르면 하늘도 순해지고, 관리가 청렴하면 백성이 절로 편안
하느니라. 아내가 어질면 남편의 화가 적을 것이요, 자식이 효도하면
부모의 마음이 너그러워지느니라."

 ## 다른 사람의 충고를 받아들일 줄 알아야 한다

子曰 木從繩則直하고 人受諫則聖이니라
자왈 목종승즉직　　　인수간즉성

공자가 말하였다.
"나무는 먹줄을 따르면 곧아지고, 사람은 충고를 받아들이면 슬기로
워지느니라."

만사가 돌고 돈다

一派靑山景色幽한데 前人田土後人收라
일 파 청 산 경 색 유   전 인 전 토 후 인 수

後人收得莫歡喜하라 更有收人在後頭니라
후 인 수 득 막 환 희   갱 유 수 인 재 후 두

한 줄기 푸른 산에 경치가 그윽한데, 앞사람의 논밭을 뒷사람이 거두
는구나. 뒷사람은 거두어 얻은 것을 기뻐하지 마라. 다시 거둘 사람이
뒤에 있느니라.

이유 없는 횡재는 오히려 화가 된다

蘇東坡曰 無故而得千金은 不有大福이요 必有大禍니라
소 동 파 왈 무 고 이 득 천 금   불 유 대 복   필 유 대 화

소동파가 말하였다.
"까닭 없이 천금을 얻은 것은 큰 복이 있게 된 것이 아니라 반드시 큰
재앙이 있게 된 것이니라."

남을 해롭게 하면 나에게 화가 미친다

邵康節先生曰 有人來問卜하되 如何是禍福인고
소 강 절 선 생 왈 유 인 래 문 복　　여 하 시 화 복

我虧人是禍요 人虧我是福이니라
아 휴 인 시 화　　인 휴 아 시 복

소강절 선생이 말하였다.
"어떤 사람이 와서 점쳐보라고 물으며 '어떤 것이 화가 되고 어떤 것이 복이 되느냐'고 하기에 대답했다. '내가 남을 해롭게 하면 이것이 화요, 남이 나를 해롭게 하면 이것이 복이니라.'"

필요 이상의 소유는 의미 없다

大廈千間이라도 夜臥八尺이요
대 하 천 간　　야 와 팔 척

良田萬頃이라도 日食二升이니라
양 전 만 경　　일 식 이 승

천 칸이나 되는 큰 집이라도 밤에 눕는 것은 여덟 자尺뿐이요, 기름진 밭이 만 이랑이라도 하루에 먹는 것은 두 되뿐이니라.

친한 사이라도 자주 만나면 덜 반갑게 된다

久住令人賤이요 頻來親也疎라
구 주 령 인 천　　빈 래 친 야 소

但看三五日이라도 相見不如初니라
단 간 삼 오 일　　상 견 불 여 초

오래 머물면 사람이 천대를 받고 자주 찾아오면 친하던 사이도 멀어
지느니라. 단지 사흘이나 닷새 만에 보더라도 서로 맞이하는 것이 처
음만 같지 못하니라.

목마를 때는 한 방울의 물도 감로수와 같다

渴時一滴은 如甘露요 醉後添盃는 不如無니라
갈 시 일 적　　여 감 로　 취 후 첨 배　 불 여 무

목마를 때 한 방울의 물은 감로수와 같고, 취한 뒤에 잔을 더하는 것
은 아니 든 것만 못하니라.

모두 자신이 택하는 것이다

酒不醉人人自醉요 色不迷人人自迷라
주 불 취 인 인 자 취   색 불 미 인 인 자 미

술이 사람을 취하게 하는 것이 아니라 사람이 스스로 취하는 것이요, 색色이 사람을 미혹시키는 것이 아니라 사람이 스스로 미혹되는 것이니라.

 ## 나를 위하는 마음으로 모두를 생각하라

公心若比私心이면 何事不辨이요
공 심 약 비 사 심   하 사 불 변

道念若同情念이면 成佛多時니라
도 념 약 동 정 념   성 불 다 시

공공을 위하는 마음을 사익을 위하는 마음에 비할 수 있다면 무슨 일을 해내지 못할 것이며, 도를 향하는 마음이 정욕을 향하는 마음과 같다면 부처가 되고도 시간이 많이 남았으리라.

교묘한 사람과 소박한 사람

濂溪先生曰 巧者言하고 拙者默하며 巧者勞하고 拙者逸하며
염계선생왈 교자언   졸자묵   교자로   졸자일

巧者賊하고 拙者德하며 巧者凶하고 拙者吉하나니
교자적   졸자덕   교자흉   졸자길

嗚呼라 天下拙이면 刑政徹하여 上安下順하며 風淸弊絶하리라
오호   천하졸   형정철   상안하순   풍청폐절

염계 선생이 말하였다.

"교묘한 사람은 말을 잘하고 소박한 사람은 말이 없으며, 교묘한 사
람은 수고롭고 소박한 사람은 편안하다. 교묘한 사람은 남에게 해를
입히고 소박한 사람은 덕스러우며, 교묘한 사람은 흉하고 소박한 사
람은 길하다. 아아! 천하 사람이 모두 소박하면 형법과 정사가 잘 통
하여 윗사람은 편안하고 아랫사람은 순종하며, 풍속은 맑아지고 폐
단은 없어질 것이니라."

덕과 지혜에 비해 욕심이 많으면 화를 입는다

易에 曰 德微而位尊하고 智小而謀大면 無禍者鮮矣니라
역　 왈 덕 미 이 위 존　　　지 소 이 모 대　　무 화 자 선 의

『주역』에서 말하였다.
"덕은 없으면서 지위는 높고, 지혜는 적으나 이루고자 하는 바가 크면서 화를 당하지 않는 사람은 드물 것이니라."

 ## 자만하지 말라

器滿則溢하고 人滿則喪이니라
기 만 즉 일　　　인 만 즉 상

그릇은 가득 차면 넘치고, 사람은 자만하게 잃게 되느니라.

처음의 마음을 잊지 말라

說苑에 日 官怠於宦成하고 病加於小愈하며
설 원   왈 관 태 어 환 성   병 가 어 소 유

禍生於懈惰하고 孝衰於妻子니
화 생 어 해 타   효 쇠 어 처 자

察此四者하여 愼終如始니라
찰 차 사 자   신 종 여 시

『설원』에서 말하였다.

"관리는 벼슬자리가 생김으로 게을러지고, 병은 조금 낫는 데에서 더해지며, 재앙은 게으른 데에서 생기고, 효도는 처자식이 생기는 데에서 쇠하여지니, 이 네 가지를 살펴서 끝도 처음처럼 삼가야 할 지니라."

시간을 아껴라

尺璧非寶요 寸陰是競이니라
척 벽 비 보　　촌 음 시 경

한 자나 되는 옥도 보배가 아니요, 아주 짧은 시간도 다투어 써야 할
지니라.

모두에게 들어맞기는 어렵다

羊羹雖美나 衆口難調니라
양 갱 수 미　　중 구 난 조

양고기 국이 비록 맛이 좋으나 뭇사람의 입맛에 맞추기는 어려우니라.

심지 있는 사람은 환란을 견뎌낸다

益智書에 云 白玉投於泥塗라도 不能汚穢其色이요
익 지 서   운 백 옥 투 어 니 도   불 능 오 예 기 색

君子行於濁地라도 不能染亂其心하나니
군 자 행 어 탁 지   불 능 염 란 기 심

故로 松栢可以耐雪霜이요 明智可以涉危難이니라
고   송 백 가 이 내 설 상   명 지 가 이 섭 위 난

『익지서』에서 말하였다.
"흰 옥은 진흙 속에 던져지더라도 그 빛을 더럽힐 수 없고, 군자는 혼
탁한 곳에 갈지라도 그 마음을 어지럽힐 수 없나니, 그러므로 소나무
와 측백나무는 눈과 서리를 견뎌 내고, 밝고 지혜로운 사람은 위태로
운 환난을 헤쳐 나가느니라."

호랑이를 잡는 것보다 어려운 일

入山擒虎는 易하나 開口告人은 難이니라
입산금호   이   개구고인   난

산에 들어가 호랑이를 잡기는 쉬우나 입을 열어 남에게 부탁하기란
어려우니라.

 ### 가까운 이웃이 먼 친척보다 낫다

遠水不救近火요 遠親不如近隣이니라
원수불구근화   원친불여근린

먼 곳에 있는 물은 가까이 있는 불을 끄지 못하고, 먼 곳의 친척은 가
까운 이웃만 못하느니라.

만사조심하면 재앙도 피해간다

太公曰 日月雖明이나 不照覆盆之下하고
태공 왈 일월수명　　부조복분지하

刀刃雖快나 不斬無罪之人하고 非災橫禍는 不入愼家之門이니라
도인수쾌　　불참무죄지인　　비재횡화　　불입신가지문

태공이 말하였다.
"해와 달이 제아무리 밝아도 엎어놓은 동이의 밑은 비추지 못하고,
칼날이 제아무리 날카로워도 죄 없는 사람은 베지 못하며, 뜻밖의 재
앙과 횡액이라도 조심하는 집의 문에는 들어가지 못하느니라."

재산보다 재주를 지녀라

太公曰 良田萬頃이라도 不如薄藝隨身이니라
태공 왈 양전만경　　　불여박예수신

태공이 말하였다.
"좋은 밭 만 이랑이 있어도 하찮은 재주를 몸에 지닌 것만 못하느
니라."

내가 싫은 일은 남에게도 시키지 말라

性理書에 云 接物之要는 己所不欲을 勿施於人하고
성 리 서   운 접 물 지 요   기 소 불 욕   물 시 어 인

行有不得이어든 反求諸己니라
행 유 부 득   반 구 저 기

『성리서』에서 말하였다.
"사물을 대하는 요체는 자기가 하고 싶지 않은 바를 남에게 하게 하지 말고, 행하였지만 성과가 없거든 자신에게서 그 원인을 찾는 것이니라."

 ## 헤어나기 어려운 네 가지

酒色財氣四堵墻에 多少賢愚在內廂이라
주 색 재 기 사 도 장   다 소 현 우 재 내 상

若有世人跳得出이면 便是神仙不死方이니라
약 유 세 인 도 득 출   변 시 신 선 불 사 방

술과 여색과 재물과 혈기, 이 네 가지로 쌓은 담장 안에 수많은 현자와 어리석은 사람들이 갇혀 있느니라. 만약 세상 사람이 이곳을 뛰쳐나오면 그것이 곧 신선이요, 죽지 않는 방책이니라.

제13편

입교立教

이 편에서는 개인과 가정, 사회와 국가 안에서 취해야 할
몸가짐과 마음가짐을 담고 있다.
교육의 필요성과 방향, 근검절약 및
열녀와 충신에 대한 내용을 담고 있다.

立教

여섯 가지의 근본

子曰 立身有義하니 而孝爲本이요 喪祀有禮하니 而哀爲本이요
자 왈 입 신 유 의　　 이 효 위 본　　　상 사 유 례　　　 이 애 위 본

戰陣有列하니 而勇爲本이요 治政有理하니 而農爲本이요
전 진 유 열　　　이 용 위 본　　　치 정 유 리　　　 이 농 위 본

居國有道하니 而嗣爲本이요 生財有時하니 而力爲本이니라
거 국 유 도　　　이 사 위 본　　　생 재 유 시　　　 이 역 위 본

공자가 말하였다.

"몸을 세움에는 의가 있으니 효도가 그 근본이요, 초상과 제사에는
예가 있으니 슬퍼함이 그 근본이요, 전쟁의 진용에는 대열이 있으니
용맹이 그 근본이요, 정사를 다스림에는 이치가 있으니 농사가 그 근
본이요, 나라를 지키는 데는 방도가 있으니 후손의 번성과 양육이 그
근본이요, 재물을 생산함에는 시기가 있으니 노력이 그 근본이 되느
니라."

정치는 공정과 청렴으로, 집안은 검소와 근면으로 이루라

景行錄에 云 爲政之要는 曰 公與淸이요 成家之道는 曰 儉與勤이니라
경 행 록 　 운 　위 정 지 요 　 왈 　공 여 청 　 　 성 가 지 도 　 왈 　검 여 근

『경행록』에서 말하였다.
"정치를 하는 요체는 공정과 청렴이요, 집안을 이루는 도리는 검소와
근면이니라."

집안을 이끄는 근본

讀書起家之本이요 循理保家之本이요
독 서 기 가 지 본 　 　 순 리 보 가 지 본

勤儉治家之本이요 和順齊家之本이니라
근 검 치 가 지 본 　 　 화 순 제 가 지 본

책을 읽는 것은 집안을 일으키는 근본이요, 이치를 따르는 것은 집안
을 보존하는 근본이요, 근면과 검소는 집안을 다스리는 근본이요, 화
목과 순종은 집안을 가지런히 하는 근본이니라.

시작해야 할 때가 있다

孔子三計圖에 云 一生之計는 在於幼하고
공자삼계도 운 일생지계 재어유

一年之計는 在於春하고 一日之計는 在於寅이니
일년지계 재어춘 일일지계 재어인

幼而不學이면 老無所知요 春若不耕이면 秋無所望이요
유이불학 노무소지 춘약불경 추무소망

寅若不起면 日無所辦이니라
인약불기 일무소판

『공자삼계도』에서 말하였다.
"일생의 계획은 어릴 때에 있고, 일 년의 계획은 봄에 있고, 하루의
계획은 새벽에 있으니, 어려서 배우지 않으면 늙어서 아는 것이 없고,
봄에 밭 갈지 않으면 가을에 바랄 것이 없으며, 새벽에 일어나지 않
으면 그날의 할 일이 없느니라."

사람이 지켜야 할 다섯 가지 도리

性理書에 云 五教之目은 父子有親하며 君臣有義하며
성리서　　운 오교지목　　부자유친　　　군신유의

夫婦有別하며 長幼有序하며 朋友有信이니라
부부유별　　　장유유서　　　붕우유신

『성리서』에서 말하였다.

"다섯 가지 가르침의 조목은, 부모와 자식 사이에는 친애가 있어야
하며, 임금과 신하 사이에는 의리가 있어야 하며, 남편과 아내 사이에
는 구별이 있어야 하며, 어른과 아이 사이에는 차례가 있어야 하며,
친구 사이에는 믿음이 있어야 하는 것이니라."

 ## 재물 앞에 청렴하라

忠子曰 治官엔 莫若平이요 臨財엔 莫若廉이니라
충자왈 치관　　막약평　　임재　　막약렴

충자가 말하였다.

"관청의 일을 처리함에는 공평함만 한 것이 없고, 재물에 임해서는
청렴만 한 것이 없느니라."

인간 관계의 세 가지 덕목

三綱은 君爲臣綱이요 父爲子綱이요 夫爲婦綱이니라
삼강　　군위신강　　　부위자강　　　　부위부강

세 가지 벼리가 있으니 임금은 신하의 벼리가 되고, 아버지는 자식의
벼리가 되며, 남편은 아내의 벼리가 되는 것이니라.

충신은 두 임금을,
열녀는 두 지아비를 섬기지 않는다

王蠋曰 忠臣不事二君하고 烈女不更二夫니라
왕촉왈 충신불사이군　　　열녀불경이부

왕촉이 말하였다.
"충신은 두 임금을 섬기지 않고, 열녀는 두 지아비를 섬기지 않느
니라."

말에는 믿음이, 음식에는 절제가 있어야 한다

張思叔이 座右銘에 曰
장사숙   좌우명   왈

凡語必忠信하며 凡行必篤敬하며
범어필충신   범행필독경

飮食必愼節하며 字劃必楷正하며
음식필신절   자획필해정

容貌必端莊하며 衣冠必整肅하며
용모필단장   의관필정숙

步履必安詳하며 居處必正靜하며
보리필안상   거처필정정

作事必謀始하며 出言必顧行하며
작사필모시   출언필고행

常德必固持하며 然諾必重應하며
상덕필고지   연낙필중응

見善如己出하며 見惡如己病하라
견선여기출   견악여기병

凡此十四者는 皆我未深省이라
범차십사자   개아미심성

書此當座右하여 朝夕視爲警하노라
서 차 당 좌 우   조 석 시 위 경

장사숙이 『좌우명』에서 말하였다.

"무릇 말은 반드시 충실하고 믿음이 있어야 하며, 무릇 행실은 반드시 독실하고 공경이 있어야 하며, 음식은 반드시 삼가 절제해야 하며, 글씨는 반드시 바르고 정확하게 써야 하며, 용모는 반드시 단정하고 장중함이 있어야 하며, 의관은 반드시 정제하고 엄숙함이 있어야 하며, 걸음걸이는 반드시 편안하고 점잖게 하며, 거처하는 곳은 반드시 정돈되고 조용하게 하며, 일을 할 때는 반드시 계획을 세워 하며, 말을 함에는 반드시 실천을 고려해야 하며, 항상 변치 않는 덕을 반드시 굳게 지니고, 허락할 때는 신중하게 응해야 하며, 좋은 일을 보거든 자신에게서 나온 것같이 여기며, 나쁜 일을 보거든 마치 자신의 병처럼 여겨라. 무릇 이 열네 가지는 모두 내가 아직 깊이 성찰하지 못한 것이라. 이것들을 자리의 오른쪽에 써 붙이고 아침저녁으로 보며 경계하노라."

바른 마음을 지키는 데 방해되는 것

范益謙이 座右銘에 曰 一不言朝廷利害邊報差除요
범익겸   좌우명   왈 일불언조정이해변보차제

二不言州縣官員長短得失이요 三不言衆人所作過惡之事요
이불언주현관원장단득실   삼불언중인소작과악지사

四不言仕進官職趨時附勢요 五不言財利多少厭貧求富요
사불언사진관직추시부세   오불언재리다소염빈구부

六不言淫媟戲慢評論女色이요 七不言求覓人物干索酒食이니라
육불언음설희만평론여색   칠불언구멱인물간색주식

又人附書信을 不可開坼沈滯요 與人竝坐에 不可窺人私書요
우인부서신   불가개탁침체   여인병좌   불가규인사서

凡入人家에 不可看人文字요 凡借人物에 不可損壞不還이요
범입인가   불가간인문자   범차인물   불가손괴불환

凡喫飮食에 不可揀擇去取요 與人同處에 不可自擇便利요
범끽음식   불가간택거취   여인동처   불가자택편리

凡人富貴에 不可歎羨詆毁라
범인부귀   불가탄선저훼

凡此數事有犯之者면 足以見用心之不正이니
범차수사유범지자   족이견용심지부정

於存心修身에 大有所害라 因書以自警하노라
어 존 심 수 신   대 유 소 해   인 서 이 자 경

범익겸이 『좌우명』에서 말하였다.

"첫째, 조정의 이해관계와 변방의 보고와 관직 임명에 대하여 말하지
말 것이요, 둘째, 지방 관원의 장단점과 득실에 대하여 말하지 말 것
이요, 셋째, 여러 사람이 저지른 잘못과 악한 일에 대해 말하지 말 것
이요, 넷째, 관직에 있으면서 시류에 따르고 권세에 빌붙는 것을 말하
지 말 것이요, 다섯째, 재물과 이익의 많고 적음과 가난을 싫어하고
부자가 되기를 갈구한다는 것을 말하지 말 것이요, 여섯째, 음란하게
희롱하거나 여색을 평하는 말을 하지 말 것이요, 일곱째, 다른 사람
의 물건을 요구하거나 술과 음식을 구하려는 말을 하지 말 것이니라.
또 다른 사람이 부탁한 편지를 뜯어보거나 지체시키지 말 것이요, 다
른 사람과 같이 앉아 있으면서 그의 글을 엿보지 말 것이요, 다른 사
람의 집에 들어갔을 때 다른 사람이 지어놓은 글을 보지 말 것이요,
다른 사람의 물건을 빌렸거든 손상시키거나 돌려주지 않아서는 안
될 것이요, 음식을 먹을 때 가려먹지 말 것이요, 다른 사람과 같이 있
으면서 자신만 편하려고 하지 말 것이요, 다른 사람의 부귀를 탄식하
거나 부러워하거나 비방하고 헐뜯어서는 안 될 것이니라. 이 몇 가지
일을 어긴다면 그 마음 쓰는 것이 바르지 못함을 볼 수 있으니 바른
마음을 보존하고 몸을 닦는 데 크게 해가 되는 바가 있는지라, 글을
써서 스스로 경계하노라."

귀천과 빈부가 고르지 않는 이유

武王이 問太公曰 人居世上에 何得貴賤貧富不等인고
무왕　문태공왈 인거세상　하득귀천빈부부등

願聞說之하여 欲知是矣로이다
원문설지　　욕지시의

太公曰 富貴는 如聖人之德하여 皆由天命이어니와
태공왈 부귀　여성인지덕　　개유천명

富者는 用之有節하고 不富者는 家有十盜니이다
부자　용지유절　　불부자　가유십도

무왕이 태공에게 물었다.

"사람이 세상을 살아가는 데 어찌하여 귀천과 빈부가 고르지 않습니
까? 원컨대 그대의 말씀을 들어 이를 알고자 합니다."

태공이 대답하였다.

"부귀는 성인의 덕과 같아서 모두 천명으로부터 말미암거니와 부유
한 자는 쓰는 데 절도가 있고, 부유하지 못한 자는 집안에 열 가지 도
둑이 있나이다."

열 가지 도둑

武王曰 何謂十盜리오
무 왕 왈 하 위 십 도

太公曰 時熟不收爲一盜요 收積不了爲二盜요
태 공 왈 시 숙 불 수 위 일 도   수 적 불 료 위 이 도

無事燃燈寢睡爲三盜요 慵懶不耕爲四盜요
무 사 연 등 침 수 위 삼 도   용 라 불 경 위 사 도

不施功力爲五盜요 專行巧害爲六盜요
불 시 공 력 위 오 도   전 행 교 해 위 육 도

養女太多爲七盜요 晝眠懶起爲八盜요
양 녀 태 다 위 칠 도   주 면 라 기 위 팔 도

貪酒嗜慾爲九盜요 强行嫉妬爲十盜니이다
탐 주 기 욕 위 구 도   강 행 질 투 위 십 도

무왕이 물었다.

"무엇을 열 가지 도둑이라고 합니까?"

태공이 대답하였다.

"곡식이 익었는데 제때에 거둬들이지 않는 것이 첫째 도둑이요, 거두어 들여 쌓는 일을 마치지 않는 것이 둘째 도둑이요, 일 없이 등불을 켜놓고 잠자는 것이 셋째 도둑이요, 게으름 피우며 밭 갈지 않는 것이 넷째 도둑이요, 일을 이루기 위해 노력하지 않는 것이 다섯째 도

둑이요, 교활하고 해로운 일만 하는 것이 여섯째 도둑이요, 딸을 너무 많이 낳아서 기르는 것이 일곱째 도둑이요, 낮잠 자고 게을리 일어나는 것이 여덟째 도둑이요, 술을 탐하고 욕망을 즐기는 것이 아홉째 도둑이요, 다른 사람을 질투하는 것이 열째 도둑입니다."

부유해지지 못하는 세 가지 이유

武王曰 家無十盜而不富者는 何如오
무 왕 왈 가 무 십 도 이 불 부 자   하 여

太公曰 人家에 必有三耗니이다
태 공 왈 인 가   필 유 삼 모

武王曰 何名三耗오
무 왕 왈 하 명 삼 모

太公曰 倉庫漏濫不蓋하여 鼠雀亂食爲一耗요
태 공 왈 창 고 누 람 불 개   서 작 난 식 위 일 모

收種失時爲二耗요 抛撒米穀穢賤爲三耗니이다
수 종 실 시 위 이 모   포 살 미 곡 예 천 위 삼 모

무왕이 물었다.
"집에 열 가지 도둑이 없는데도 부유하지 못한 것은 무엇 때문입니
까?"
태공이 대답하였다.
"그런 사람의 집에는 반드시 세 가지 덜어내는 것이 있을 것입니다."
무왕이 물었다.
"세 가지 덜어내는 것이란 무엇을 말하는 것입니까?"
태공이 대답하였다.
"창고가 새거나 넘치는데도 덮지 않아서 쥐와 새들이 마구 먹어대는

것이 첫 번째 덜어내는 것이요, 거두고 씨 뿌리는 때를 놓치는 것이 두 번째 덜어내는 것이요, 곡식을 버리고 흩뜨려 더럽고 천하게 대하는 것이 세 번째 덜어내는 것입니다."

스스로 초래하는 가난의 열 가지 이유

武王曰 家無三耗而不富者는 何如오
무왕왈 가무삼모이불부자   하여

太公曰 人家에 必有一錯 二誤 三痴 四失 五逆
태공왈 인가   필유일착 이오 삼치 사실 오역

六不祥 七奴 八賤 九愚 十强하여 自招其禍요 非天降殃이니이다
육불상 칠노 팔천 구우 십강   자초기화   비천강앙

무왕이 물었다.
"집안에 세 가지 덜어내는 것이 없는데도 부유하지 못한 것은 무엇
때문입니까?"
태공이 대답하였다.
"그런 사람의 집에는 반드시 첫째 잘못錯, 둘째 그릇됨誤, 셋째 어리
석음痴, 넷째 과실失, 다섯째 거스름逆, 여섯째 흉함不祥, 일곱째 상스
러움奴, 여덟째 천함賤, 아홉째 우매함愚, 열째 두꺼움强이 있어서 스
스로 재앙을 불러들이는 것이지, 하늘이 재앙을 내리는 것이 아닙
니다."

가난을 부르는 열 가지

武王曰 願悉聞之하나이다
무 왕 왈 원 실 문 지

太公曰 養男不敎訓爲一錯이요 嬰孩不訓爲二誤요
태 공 왈 양 남 불 교 훈 위 일 착   영 해 불 훈 위 이 오

初迎新婦不行嚴訓爲三痴요 未語先笑爲四失이요
초 영 신 부 불 행 엄 훈 위 삼 치   미 어 선 소 위 사 실

不養父母爲五逆이요 夜起赤身爲六不祥이요
불 양 부 모 위 오 역   야 기 적 신 위 육 불 상

好挽他弓爲七奴요 愛騎他馬爲八賤이요
호 만 타 궁 위 칠 노   애 기 타 마 위 팔 천

喫他酒勸他人爲九愚요 喫他飯命朋友爲十强이니이다
끽 타 주 권 타 인 위 구 우   끽 타 반 명 붕 우 위 십 강

武王이 曰 甚美誠哉라 是言也여
무 왕   왈 심 미 성 재   시 언 야

무왕이 말하였다.
"원컨대 그 내용을 모두 듣고자 합니다."
태공이 대답하였다.
"아들을 기르면서 가르치지 않는 것이 첫째 잘못錯이요, 어린 아이를
훈계하지 않는 것이 둘째 그릇됨誤이요, 처음 신부를 맞아들여서 엄

184

하게 가르치지 않는 것이 셋째 어리석음痴이요, 말도 꺼내지 않았는데 먼저 웃는 것이 넷째 과실失이요, 부모를 봉양하지 않는 것이 다섯째 거스름逆이요, 밤에 알몸으로 일어나는 것이 여섯째 흉함不祥이요, 다른 사람의 활을 당기기를 좋아하는 것이 일곱째 상스러움奴이요, 다른 사람의 말을 타기를 좋아하는 것이 여덟째 천함賤이요, 다른 사람의 술을 마시면서 다른 사람에게 권하는 것이 아홉째 우매함愚이요, 다른 사람의 밥을 먹으면서 친구에게도 먹으라고 하는 것이 열째 두꺼움强이 되는 것입니다."

무왕이 말하였다.

"참으로 훌륭하고 진실하도다, 이 말씀이여!"

제14편

치정 治政

관직에 몸담고 있는 사람들이 교훈으로 삼을 만한 내용들이 실려 있다.
정치의 요체가 애민愛民에 있으며,
청렴, 신중, 근면이 그 터전이자 기본적인 미덕임을 일깨워주고,
진정한 충신의 마음가짐이 어떠한 것인가를 보여주고 있다.

사물을 사랑하는 마음이 있으면 구제 못할 것이 없다

明道先生曰 一命之士라도 苟有存心於愛物이면
명도선생왈 일명지사   구유존심어애물

於人必有所濟니라
어인필유소제

명도 선생이 말하였다.

"처음으로 벼슬자리에 오른 선비라도 만물을 사랑하는 데 마음을 둔
다면 다른 사람들을 구제하는 바가 반드시 있을 것이니라."

관직에 있는 이는 청렴하고 신중하고 근면해야 한다

童蒙訓에 曰 當官之法唯有三事니 曰淸 曰愼 曰勤이라
동몽훈   왈 당관지법유유삼사   왈청 왈신 왈근

知此三者면 知所以持身矣니라
지차삼자   지소이지신의

『동몽훈』에서 말하였다.

"관직을 맡았을 때 지켜야 할 세 가지 법도가 있으니, 청렴과 신중과
근면이라. 이 세 가지를 알면 제 몸 처신할 바를 아느니라."

관리들의 녹봉은 백성들로부터
나온 것임을 알아야 한다

唐太宗御製에 云
당 태 종 어 제   운

上有麾之하고 中有乘之하고 下有附之하여
상 유 휘 지   중 유 승 지   하 유 부 지

幣帛衣之요 倉廩食之하니 爾俸爾祿이 民膏民脂니라
폐 백 의 지   창 름 식 지   이 봉 이 록   민 고 민 지

下民易虐이나 上蒼難欺니라
하 민 이 학   상 창 난 기

당나라 태종의 『어제』에서 말하였다.

"위로는 지휘하는 사람이 있고, 중간에는 권세를 타고 이용하는 사람
이 있고, 아래에는 이에 따라가기만 하는 백성이 있다. 백성들이 바친
비단으로 옷을 지어 입고, 곳간에 거두어 둔 곡식으로 밥을 지어 먹
으니 그대들의 녹봉은 백성들의 고혈과 기름이라. 아래에 있는 백성
을 학대하기는 쉬우나 위에서 내려다보는 푸른 하늘을 속이기는 어
려우니라."

심하게 성내는 것을 경계하라

當官者는 必以暴怒爲戒하라
당관자   필이폭노위계

事有不可어든 當詳處之면 必無不中이어니와
사유불가   당상처지   필무부중

若先暴怒면 只能自害라 豈能害人이리오
약선폭노   지능자해   지능해인

관직에 있는 사람은 반드시 심하게 성내는 것을 경계하라. 일에 옳
지 않음이 있거든 마땅히 자세히 살펴서 처리하면 반드시 들어맞게
될 것이려니와 만약 먼저 크게 화부터 내면 다만 자신에게 해를 끼칠
뿐, 어찌 다른 사람을 해롭게 할 수 있으리오.

나라의 일을 가정의 일 생각하듯 하라

事君如事親하고 事長官如事兄하고
사군여사친　　사장관여사형

與同僚如家人하고 待群吏如奴僕하고
여동료여가인　　대군리여노복

愛百姓如妻子하고 處官事如家事하라 然後能盡吾之心이니
애백성여처자　　처관사여가사　　연후능진오지심

如有毫末不至면 皆吾心有所未盡也니라
여유호말부지　　개오심유소미진야

임금 섬기기를 어버이 섬기듯 하고, 윗사람 섬기기를 형을 섬기듯 하고, 동료와 사귀기를 집안사람처럼 하고, 여러 아전 대하기를 자기 집 하인 대하듯이 하며, 백성 사랑하기를 처자식같이 하며, 관청의 일 처리하기를 내 집안일처럼 하고 난 뒤에라야 능히 내 마음을 다했다 할 것이니, 만일 털끝만큼이라도 이르지 못함이 있으면 모두 내 마음에 극진하지 못한 바가 있기 때문이니라.

서로를 생각하라

或問 簿는 佐令者也니 簿所欲爲를 令或不從이면 奈何오
혹문 부   좌령자야   부소욕위   영혹부종   내하

伊川先生曰 當以誠意動之니라
이천선생왈 당이성의동지

今令與簿不和는 便是爭私意요
금령여부불화   변시쟁사의

令은 是邑之長이니 若能以事父兄之道事之하여 過則歸己하고
영   시읍지장   약능이사부형지도사지   과즉귀기

善則唯恐不歸於令하여 積此誠意면 豈有不動得人이리오
선즉유공불귀어령   적차성의   기유부동득인

어떤 사람이 물었다.

"주부主簿는 현령을 보좌하는 사람인데, 주부가 하고자 하는 바를 혹시 현령이 따르지 않는다면 어떻게 합니까?"

이천 선생이 대답하였다.

"마땅히 정성스러운 마음으로 그 사람을 움직여야 하느니라. 지금 현령과 주부의 불화는 사사로운 생각으로 다투는 것이니라. 현령은 고을의 우두머리이니 아버지와 형을 섬기는 도리로 섬겨서 허물이 있으면 자신에게 돌리고, 잘한 것에 대해서는 현령에게 돌아가지 않을까 염려해야 하니, 이런 정성스러운 뜻이 쌓이면 어찌 사람을 움직이지 못함이 있으리오."

먼저 자신을 바르게 한 뒤 남을 이끌어라

劉安禮問 臨民한대 明道先生曰 使民各得輸其情하라
유 안 례 문 임 민　　명 도 선 생 왈 사 민 각 득 수 기 정

問御吏한대 曰 正己以格物하라
문 어 리　　왈 정 기 이 격 물

유안례가 백성을 대하는 도리를 묻자, 명도 선생이 대답하였다.
"백성으로 하여금 각자의 뜻을 펴게 할지니라."
또 관리를 거느리는 도리를 묻자 대답하였다.
"자신을 바르게 하여 남에게 이르러야 하느니라."

진정한 충신은 옳은 말을 함에 두려움이 없다

抱朴子에 曰 迎斧鉞而正諫하며
포 박 자　　왈 영 부 월 이 정 간

據鼎鑊而盡言이면 此謂忠臣也니라
거 정 확 이 진 언　　차 위 충 신 야

『포박자』에서 말하였다.
"도끼를 맞더라도 바르게 간언하고, 가마솥에 던져져 삶겨 죽더라도
옳은 말을 다하면 이를 충신이라 하느니라."

제15편

치가治家

제목대로 집안을 다스리는 가정 윤리를 제시하고 있다.
가정관리의 원칙과 실제,
부부의 화목과 부자간의 의리를 돈독히 할 것을 타이르고 있다.
가정이야말로 인격의 성숙을 다지는
가장 기본적이고 가장 중요한 공간인 것이다.

治家

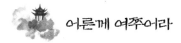

어른께 여쭈어라

司馬溫公曰 凡諸卑幼는 事無大小毋得專行하고
사 마 온 공 왈 범 제 비 유 　 사 무 대 소 무 득 전 행

必咨稟於家長이니라
필 자 품 어 가 장

사마온공이 말하였다.
"무릇 낮은 자리에 있거나 나이 어린 사람들은 일의 크고 작음에 상
관없이 제멋대로 하지 말고 반드시 집안 어른께 여쭤보고 해야 하느
니라."

손님 접대는 풍성하게,
집안 살림은 검소하게 하라

待客不得不豊이요 治家不得不儉이니라
대 객 부 득 불 풍 　 　 치 가 부 득 불 검

손님을 접대함에는 풍성하게 하지 않을 수 없고, 집안 살림을 다스림
에는 검소하지 않을 수 없느니라.

어진 여인은 남편을 공경한다

太公曰 痴人畏婦하고 賢女敬夫니라
태공 왈 치인외부　　　현녀경부

태공이 말하였다.
"어리석은 사람은 아내를 두려워하고, 어진 여인은 남편을 공경하느
니라."

 ## 아랫사람을 부릴 때에는
먼저 그들의 어려움을 헤아려라

凡使奴僕이어든 先念飢寒이니라
범사노복　　　　선념기한

무릇 하인을 부리려거든 먼저 그들의 배고픔과 추위를 생각해야 하
느니라.

가정의 화목이 만사의 시작이다

子孝雙親樂이요 家和萬事成이니라
자 효 쌍 친 락   가 화 만 사 성

자식이 효도하면 어버이가 즐겁고, 집안이 화목하면 만사가 이루어
지느니라.

 ## 매사에 방비하라

時時防火發하고 夜夜備賊來하라
시 시 방 화 발   야 야 비 적 래

항상 불이 나는 것을 막고, 밤마다 도적이 드는 것을 방비할지니라.

부지런한 집안이 흥한다

景行錄에 云 觀朝夕之早晏하여 可以卜人家之興替니라
경행록　운 관조석지조안　　가이복인가지흥체

『경행록』에서 말하였다.
"아침과 저녁의 이르고 늦음을 보아 가히 그 사람의 집안이 흥하고
쇠할 것을 알 수 있느니라."

 ## 혼인에 있어 재물이 오감은 미천한 것이다

文仲子曰 婚娶而論財는 夷虜之道也니라
문중자왈 혼취이론재　　이로지도야

문중자가 말하였다.
"시집가고 장가드는 데 재물을 논하는 것은 오랑캐의 도이니라."

제16편

안의 安義

3장의 짧은 내용으로 구성되었으며,
부부와 부자父子, 형제가 인간관계의 기본임을 강조하고 있다.
또한 사람과 사람이 관계를 맺을 때 요청되는 절도와 예의를 담고 있다.

安義

친족을 이루는 근본 세 가지

顔氏家訓에 曰 夫有人民而後에 有夫婦하고
안 씨 가 훈   왈 부 유 인 민 이 후   유 부 부

有夫婦而後에 有父子하고 有父子而後에 有兄弟하니
유 부 부 이 후   유 부 자   유 부 자 이 후   유 형 제

一家之親은 此三者而已矣라
일 가 지 친   차 삼 자 이 이 의

自玆以往에 至于九族이 皆本於三親焉이라
자 자 이 왕   지 우 구 족   개 본 어 삼 친 언

故로 於人倫에 爲重也니 不可不篤이니라
고   어 인 륜   위 중 야   불 가 부 독

『안씨가훈』에서 말하였다.

"백성이 있은 뒤에 부부가 있고, 부부가 있은 뒤에 부자父子가 있고,
부자가 있은 뒤에 형제가 있으니, 한 집안의 친속親屬은 이 세 가지뿐
이니라. 여기에서 나아가 구족九族에 이르기까지는 모두 이 세 관계
에 뿌리를 두는 것이니라. 그러므로 인륜에 있어서 중요한 것이니 돈
독하지 않아서는 안 되느니라."

부부의 인연은 다시 구할 수 있으나
형제는 다시 얻을 수 없다

莊子曰 兄弟爲手足하고 夫婦爲衣服이니
장자왈 형제위수족   부부위의복

衣服破時更得新이어니와 手足斷處難可續이니라
의복파시갱득신   수족단처난가속

장자가 말하였다.
"형제는 손발과 같고 부부는 의복과 같으니, 의복이 해졌을 때에는
다시 새것으로 갈아입을 수 있으려니와 손발이 끊어진 것은 잇기가
어려우니라."

상대의 형편에 따라
사귐이 이루어져서는 안 된다

蘇東坡云 富不親兮貧不疏는 此是人間大丈夫요
소동파운 부불친혜빈불소　차시인간대장부

富則進兮貧則退는 此是人間眞小輩니라
부즉진혜빈즉퇴　차시인간진소배

소동파가 말하였다.

"부귀하다고 친하지 않고, 빈천하다고 멀리하지 않으면 이는 사람 가운데 대장부요, 부귀하다고 찾아가고 빈천하다고 멀리하면 이는 사람 가운데 참으로 소인배니라."

제17편

준례 遵禮

'준遵'은 '따른다'는 뜻이고, '예禮'는 예절이라는 뜻으로
사람과 사람 사이에서 지켜야 할 기본예절을 강조하고 있다.

遵禮

매사에 예가 있어야 한다

子曰 居家有禮니 故로 長幼辨하고 閨門有禮니 故로 三族和하고
자왈 거가유례 고 장유변 규문유례 고 삼족화

朝廷有禮니 故로 官爵序하고 田獵有禮니 故로 戎事閑하고
조정유례 고 관작서 전렵유례 고 융사한

軍旅有禮니 故로 武功成이니라
군려유례 고 무공성

공자가 말하였다.

"가정에 예가 있으므로 어른과 아이의 분별이 있고, 규문에 예가 있으므로 삼족이 화목하고, 조정에 예가 있으므로 벼슬에 순서가 있고, 사냥에 예가 있으므로 군사 훈련이 숙달되고, 군대에 예가 있으므로 무공이 이루어지느니라."

예가 따르지 않은 용맹은 오히려 해가 된다

子曰 君子有勇而無禮爲亂하고
자 왈 군 자 유 용 이 무 례 위 란

小人有勇而無禮爲盜니라
소 인 유 용 이 무 례 위 도

공자가 말하였다.
"군자가 용맹하기만 하고 예가 없으면 난을 일으키게 되고, 소인이
용맹하기만 하고 예가 없으면 도적이 되느니라."

 ## 백성은 덕으로 다스려야 한다

曾子曰 朝廷莫如爵이요 鄕黨莫如齒요
증 자 왈 조 정 막 여 작   향 당 막 여 치

輔世長民莫如德이니라
보 세 장 민 막 여 덕

증자가 말하였다.
"조정에는 벼슬만 한 것이 없고, 마을에는 나이만 한 것이 없고, 세상
을 돕고 백성을 다스리는 데에는 덕만 한 것이 없느니라."

장유의 순서는 하늘이 정한 질서이다

老少長幼天分秩序니 不可悖理而傷道也니라
노소장유천분질서　　불가패리이상도야

늙은이와 젊은이, 어른과 아이는 하늘이 부여한 질서이니, 이치를 거
스르고 도리를 어긋나게 해서는 안 되느니라.

집을 나설 때와 들어올 때의 마음가짐

出門如見大賓하고 入室如有人하라
출문여견대빈　　입실여유인

문 밖을 나설 때에는 큰 손님을 뵐 듯이 하고, 방안으로 들어올 때에
는 사람이 있는 듯 해야 하느니라.

대접받고 싶은 대로 먼저 대접하라

若要人重我어든 無過我重人이니라
약 요 인 중 아   무 과 아 중 인

만약 다른 사람이 나를 정중히 대해주기를 바라거든 내가 다른 사람을 정중히 대하는 것보다 나은 것이 없느니라.

 ## 자식 자랑을 말고,
부모의 허물을 말하지 말라

父不言子之德하며 子不談父之過니라
부 불 언 자 지 덕   자 부 담 부 지 과

부모는 자식의 덕을 말하지 말 것이며, 자식은 부모의 허물을 말하지 말지니라.

제18편

언어 言語

언어생활의 중요성을 담아
필요 이상의 말과 이치에 맞지 않는 말의 불필요성,
한마디의 말이 갖는 힘과 한마디의 말이 초래하는 재앙 등을 언급하며
말을 조심할 것을 권유하고 있다.

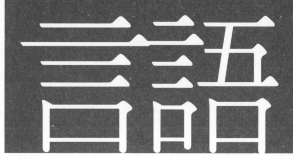

이치에 맞지 않는 말은 하지 않음만도 못하다

劉會曰 言不中理면 不如不言이니라
유 회 왈　언 부 중 리　　불 여 불 언

유회가 말하였다.
"말이 이치에 맞지 않으면 말을 하지 않느니만 못하니라."

 ## 한마디의 말이라도 그릇이 없어야 한다

一言不中이면 千語無用이니라
일 언 부 중　　　천 어 무 용

한마디 말이라도 맞지 않으면, 천 마디의 말도 쓸데없느니라.

말하는 것을 조심하라

君平曰 口舌者는 禍患之門이요 滅身之斧也니라
군평왈 구설자　화환지문　　멸신지부야

군평이 말하였다.
"입과 혀는 재앙과 근심이 드나드는 문이요, 몸을 망치는 도끼니라."

사람을 이롭게 하는 한마디는 천금의 값어치가 있다

利人之言은 煖如綿絮하고 傷人之語는 利如荊棘이라
이인지언　　난여면서　　상인지어　　이여형극

一言利人에 重值千金이요 一語傷人에 痛如刀割이니라
일언이인　　중치천금　　일어상인　　통여도할

사람을 이롭게 하는 말은 솜처럼 따뜻하고, 사람을 다치게 하는 말은 가시처럼 날카롭다. 사람을 이롭게 하는 한마디 말은 중하기가 천금의 값어치요, 사람을 다치게 하는 한마디 말은 아프기가 칼로 베이는 것과 같으니라.

말하는 것을 조심하라

口是傷人斧요 言是割舌刀니
구 시 상 인 부   언 시 할 설 도

閉口深藏舌이면 安身處處牢니라
폐 구 심 장 설   안 신 처 처 뢰

입은 곧 사람을 상하게 하는 도끼요, 말은 곧 혀를 베는 칼이니, 입을
다물고 혀를 깊이 감추어 두면 몸을 어디에 두나 안전할 것이니라.

 ## 마음에 있는 것을 모두 말하지 말라

逢人且說三分話하고 未可全抛一片心이니
봉 인 차 설 삼 분 화   미 가 전 포 일 편 심

不怕虎生三個口요 只恐人情兩樣心이니라
불 파 호 생 삼 개 구   지 공 인 정 양 양 심

사람을 만나거든 열 마디 중 세 마디만 말하고, 한 조각 마음까지 모
두 던져서는 안 될 것이니, 호랑이 입이 세 개라도 두렵지 않음이요,
다만 사람이 두 마음 품는 것이 두려우니라.

말할 때가 아니면 하지 말라

酒逢知己千鍾少요 話不投機一句多니라

주 봉 지 기 천 종 소   화 불 투 기 일 구 다

술은 나를 알아주는 친구를 만나면 천 잔을 마셔도 부족하지만, 말은
적절한 시기가 아니면 한마디도 많으니라.

제19편

교우 交友

인간관계의 기본이 되는 가족은 자신의 의사와 상관없이 이루어지지만
친구는 자신의 의지와 결정으로 쌓아가는 관계이다.
그러므로 좋은 친구를 가려내는 안목을 길러야 한다.
이 편에서는 친구 사귀기의 중요성과
진정한 친구를 가늠하는 기준을 제시한다.

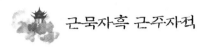

근묵자흑 근주자적

子曰 與善人居면 如入芝蘭之室하여 久而不聞其香이나 卽與之化矣요
자왈 여선인거   여입지란지실   구이불문기향   즉여지화의

與不善人居면 如入鮑魚之肆하여 久而不聞其臭나 亦與之化矣니
여불선인거   여입포어지사   구이불문기취   역여지화의

丹之所藏者는 赤하고 漆之所藏者는 黑이라
단지소장자   적   칠지소장자   흑

是以로 君子는 必愼其所與處者焉이니라
시이   군자   필신기소여처자언

공자가 말하였다.

"선한 사람과 함께 있으면 난초가 있는 방안에 들어간 것과 같아서
시간이 한참 지나면 그 향기를 맡지 못하지만 그 향기에 동화될 것이
요, 선하지 못한 사람과 함께 있으면 절인 생선 가게에 들어간 것과
같아서 시간이 한참 지나면 그 냄새를 맡지 못하지만 역시 그 냄새에
동화될 것이니, 붉은 것을 지니고 있는 것은 붉어지고, 검은 것을 지
니고 있는 것은 검어지느니라. 이 때문에 군자는 반드시 함께 지내는
사람에 대해서 신중한 것이니라."

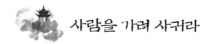

사람을 가려 사귀라

家語에 云 與好學人同行이면 如霧露中行하여
가어   운 여호학인동행   여무로중행

雖不濕衣라도 時時有潤하고
수불습의   시시유윤

與無識人同行이면 如厠中坐하여 雖不汚衣라도 時時聞臭니라
여무식인동행   여측중좌   수불오의   시시문취

『공자가어』에서 말하였다.

"배우기를 좋아하는 사람과 함께 가면 안개 속을 걷는 것과 같아서
비록 옷은 젖지 않더라도 점차 물기가 배어 축축하게 되고, 식견이
없는 사람과 함께 가면 측간에 앉아 있는 것과 같아서 비록 옷은 더
럽히지 않더라도 점차 그 냄새가 풍겨지느니라."

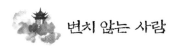

변치 않는 사람

子曰 晏平仲은 善與人交로다 久而敬之온여
자왈 안평중　선여인교　　구이경지

공자가 말하였다.
"안평중은 사람들과 사귀기를 잘하는도다. 사귄 지 오래되어도 그를
공경하는구나."

마음을 알아주는 사람은 적다

相識滿天下하되 知心能幾人고
상식만천하　　지심능기인

서로 알고 지내는 사람이 세상에 가득하건만 마음을 알아주는 사람
은 몇이나 되겠는가?

좋을 때 함께 하는 사람은 많아도
어려울 때 함께 하는 사람은 적다

酒食兄弟는 千個有로되 急難之朋은 一個無니라
주식형제   천개유   급난지붕   일개무

술 마시고 밥 먹을 때 형, 아우 하던 이들은 천 명이나 되건만, 다급하고 어려울 때는 친구가 하나도 없느니라.

 의리 없는 친구는 사귀지 말라

不結子花는 休要種이요 無義之朋은 不可交니라
불결자화   휴요종   무의지붕   불가교

열매를 맺지 않는 꽃은 심지 말고, 의리가 없는 친구는 사귀지 말지니라.

군자의 사귐에는 가식이 없다

君子之交는 淡如水하고 小人之交는 甘若醴니라
군자지교　담여수　　소인지교　감약례

군자의 사귐은 담박하기가 물과 같고, 소인의 사귐은 달콤하기가 단술과 같으니라.

 ## 사람의 참모습은 시간이 지나야 알게 된다

路遙知馬力이요 日久見人心이니라
노요지마력　　일구견인심

길이 멀어야 말의 힘을 알게 될 것이요, 시간이 오래 지나야 사람의 마음을 알 수 있느니라.

제20편

부행 婦行

여성이 지녀야 할 덕목에 대해 이야기하고 있다.
특히 어진 아내와 그렇지 못한 아내가
남편과 가정에 어떤 영향을 끼치는지를 다루며,
아내 역할의 중요성을 이야기하고 있다.

婦行

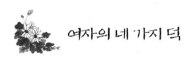

여자의 네 가지 덕

益智書에 云 女有四德之譽니
익지서   운 여유사덕지예

一曰 婦德이요 二曰 婦容이요
일왈 부덕   이왈 부용

三曰 婦言이요 四曰 婦工也니라
삼왈 부언   사왈 부공야

婦德者는 不必才名絶異요 婦容者는 不必顔色美麗요
부덕자   불필재명절이   부용자   불필안색미려

婦言者는 不必辯口利詞요 婦工者는 不必技巧過人也니라
부언자   불필변구이사   부공자   불필기교과인야

『익지서』에서 말하였다.

"여자에게는 네 가지 덕의 칭송이 있어야 하니, 첫째는 부덕(덕성)이
요, 둘째는 부용(용모)이요, 셋째는 부언(말씨)이요, 넷째는 부공(솜씨)
이니라. 부덕이란 반드시 재주가 남달라 이름이 나는 것을 말하는 것
이 아니요, 부용이란 반드시 얼굴이 아름답고 곱다는 것이 아니요, 부
언이란 반드시 구변이 좋고 말 잘하는 것이 아니요, 부공이란 반드시
손재주가 다른 사람보다 뛰어남을 말하는 것이 아니니라."

부녀자의 예절

其婦德者는 淸貞廉節하여 守分整齊하고
기 부 덕 자　　청 정 염 절　　　　수 분 정 제

行止有恥하며 動靜有法이니 此爲婦德也요
행 지 유 치　　동 정 유 법　　　차 위 부 덕 야

婦容者는 洗浣塵垢하여 衣服鮮潔하며
부 용 자　　세 완 진 구　　　　의 복 선 결

沐浴及時하여 一身無穢니 此爲婦容也요
목 욕 급 시　　　일 신 무 예　　차 위 부 용 야

婦言者는 擇師而說하여 不談非禮하고
부 언 자　　택 사 이 설　　　　부 담 비 례

時然後言하여 人不厭其言이니 此爲婦言也요
시 연 후 언　　　인 불 염 기 언　　　차 위 부 언 야

婦工者는 專勤紡績하고 勿好葷酒하며
부 공 자　　전 근 방 적　　　　물 호 훈 주

供具甘旨하여 以奉賓客이니 此爲婦工也니라
공 구 감 지　　　이 봉 빈 객　　　차 위 부 공 야

此四德者는 是婦人之所不可缺者라
차 사 덕 자　　시 부 인 지 소 불 가 결 자

爲之甚易하고 務之在正하니 依此而行이면 是爲婦節이니라
위지심이　　　무지재정　　　의차이행　　　시위부절

부덕이란 맑고 지조가 곧으며, 염치와 절도가 있어 분수를 지키고 마음을 바르게 가다듬으며, 행동거지에 부끄러워함이 있고 움직임에는 법도가 있는 것이니, 이것이 부덕이 되는 것이다.

부용이란 먼지와 때를 깨끗이 씻어 옷차림을 정결하게 하며, 목욕을 때에 맞추어 하여 몸에 더러움이 없게 하는 것이니, 이것이 부용이 되는 것이다.

부언이란 말을 가려서 하되 예의에 어긋나는 말을 하지 않으며 꼭 말해야 할 때 말하여 사람들이 그 말을 싫어하지 않게 말하는 것이니, 이것이 부언이 되는 것이다.

부공이란 오로지 길쌈을 부지런히 하고 술 냄새 풍기기를 좋아하지 않으며 맛있는 음식을 갖추어 손님을 대접하는 것이니, 이것이 부공이 되는 것이다.

이 네 가지 덕은 부녀자에게 없어서는 안 되는 것으로 행하는 것은 매우 쉽고, 그렇게 힘쓰는 것이 올바르니 이에 따라 하는 것이 부녀자의 예절이 되느니라.

부인의 말소리는 부드러워야 한다

太公曰 婦人之禮는 語必細니라
태공왈 부인지례   어필세

태공이 말하였다.
"부인의 예절은 말소리가 반드시 부드러워야 하느니라."

어진 부인은 남편을 귀하게 만든다

賢婦令夫貴하고 侫婦令夫賤이니라
현부영부귀   영부영부천

어진 부인은 남편을 귀하게 만들고, 간악한 부인은 남편을 천하게 만
드느니라.

아내가 어질면 남편에게 화가 없다

家有賢妻면 夫不遭橫禍니라
가 유 현 처   부 부 조 횡 화

집에 어진 아내가 있으면 남편이 뜻밖의 화를 당하지 않느니라.

어진 부인을 둬야 하는 이유

賢婦和六親하고 佞婦破六親이니라
현 부 화 육 친   영 부 파 육 친

어진 부인은 육친(부모, 형제, 처자)을 화목하게 하고, 간악한 부인은 육친의 화목을 깨뜨리느니라.

제21편

증보增補

제목 그대로 앞에서 다루어지지 않은 내용을 덧붙여 보충한 것이다.
눈에 보이진 않지만 선과 악이 조금씩 쌓여 가면
나중에는 큰 결과를 초래할 수도 있음을 말하고 있다.

增補

작은 악도 쌓이면 숨길 수 없게 된다

周易에 曰 善不積이면 不足以成名이요
주역　왈 선부적　　부족이성명

惡不積이면 不足以滅身이어늘
악부적　　부족이멸신

小人은 以小善으로 爲无益而弗爲也하고
소인　이소선　　위무익이불위야

以小惡으로 爲无傷而弗去也니라
이소악　　위무상이불거야

故로 惡積而不可掩이요 罪大而不可解니라
고　악적이불가엄　　죄대이불가해

『주역』에서 말하였다.

"선을 쌓지 않으면 명성을 이룰 수 없고, 악을 쌓지 않으면 몸을 망치는 일이 없거늘 소인은 사소한 선으로는 유익함이 없다 하여 행하지 않고, 사소한 악으로는 해로움이 없다 하여 버리지 않는다. 그러므로 악이 쌓이면 숨길 수 없게 되고, 죄가 커지면 풀 수가 없게 되느니라."

나쁜 마음이 쌓여 큰 악을 만든다

履霜하면 堅氷至하나니 臣弑其君하며 子弑其父는
이 상   견 빙 지   신 시 기 군   자 시 기 부

非一朝一夕之事라 其所由來者漸矣니라
비 일 조 일 석 지 사   기 소 유 래 자 점 의

서리를 밟게 되면 단단한 얼음이 얼 때가 이르나니, 신하가 임금을 시
해하고, 아들이 아버지를 죽이는 것은 하루아침이나 하룻저녁에 일어
나는 일이 아니라 그 일이 이루어지기까지 점차 쌓여온 것이니라.

제22편

팔반가팔수 八反歌八首

「팔반가팔수八反歌八首」는 어버이를 봉양하고 아이를 양육함에 있어서,
여덟 가지의 상반된 마음을 비교하여 읊은 노래이다.
아이를 대하는 마음과 늙으신 어버이를 서로 다르게 대하는 실례實例를 들어가며
그 상반된 태도를 날카롭게 꼬집고 있다.

八反歌八首

어린 자식과 부모를 대하는 마음이 다르다

幼兒或詈我면 我心覺懽喜하고
유 아 혹 이 아   아 심 각 환 희

父母嗔怒我면 我心反不甘이라
부 모 진 노 아   아 심 반 불 감

一喜懽一不甘하니 待兒待父心何懸고
일 희 환 일 불 감   대 아 대 부 심 하 현

勸君今日逢親怒어든 也應將親作兒看하라
권 군 금 일 봉 친 노   야 응 장 친 작 아 간

어린 자식이 혹 나를 꾸짖으면 내 마음에 기쁨이 느껴지지만 부모가
나에게 노여워하시면 내 마음은 도리어 달갑지 않느니라. 한쪽은 기
뻐하지만 한쪽은 달갑지 않으니, 아이를 대하고 부모를 대하는 마음
에 어찌 이리 현격한 차이가 있는가. 그대에게 권하노니, 오늘 어버이
가 화내는 것을 대하거든 어린 자식 꾸짖음에 기쁘듯이 돌이켜 보라.

부모의 충고를 기쁘게 받아들여라

兒曹出千言하되 君聽常不厭하고
아 조 출 천 언　　　군 청 상 불 염

父母一開口하면 便道多閑管이라
부 모 일 개 구　　　변 도 다 한 관

非閑管親掛牽이니 皓首白頭多諳練이라
비 한 관 친 괘 견　　　호 수 백 두 다 암 련

勸君敬奉老人言하고 莫敎乳口爭長短하라
권 군 경 봉 노 인 언　　　막 교 유 구 쟁 장 단

아이들이 천 마디 말을 하더라도 그대는 항상 싫어하지 않으나, 부모가 한 번만 입을 열어도 쓸데없이 참견이라 하느니라. 쓸데없는 참견이 아니라 부모 마음에 거리껴서 그러는 것이니, 흰머리 되도록 살아오면서 많은 것을 깨닫고 겪었기 때문이니라. 그대에게 권하노니, 노인 말씀 공손히 받들고 젖내 나는 입으로 길고 짧음을 다투지 마라.

부모를 공경하라

幼兒尿糞穢는 君心無厭忌로되
유 아 뇨 분 예   군 심 무 염 기

老親涕唾零에는 反有憎嫌意니라
노 친 체 타 령   반 유 증 혐 의

六尺軀來何處오 父精母血成汝體니라
육 척 구 래 하 처   부 정 모 혈 성 여 체

勸君敬待老來人하라 壯時爲爾筋骨敝니라
권 군 경 대 노 래 인   장 시 위 이 근 골 폐

어린아이의 더러운 똥, 오줌에는 싫어함과 거리낌이 없는데, 늙은 어
버이의 콧물과 침이 떨어지면 도리어 싫어하고 꺼리는 마음이 있느
니라. 여섯 자 되는 몸이 어디에서 왔는가? 아버지의 정기와 어머니
의 피로 그대의 몸을 만들었느니라. 그대에게 권하노니, 늙어가는 부
모를 공경하여 대접하라. 젊었을 때 그대를 위하여 살과 뼈가 닳으셨
느니라.

자식보다 부모를 먼저 생각하라

看君晨入市하여 買餠又買饒하니
간 군 신 입 시   매 병 우 매 고

少聞供父母하고 多說供兒曹니라
소 문 공 부 모   다 설 공 아 조

親未啖兒先飽하니 子心不比親心好니라
친 미 담 아 선 포   자 심 불 비 친 심 호

勸君多出買餠錢하여 供養白頭光陰少하라
권 군 다 출 매 병 전   공 양 백 두 광 음 소

그대가 새벽에 시장에 가서 밀가루 떡을 사고 또 흰떡을 사는 것을 보았지만, 부모님께 드린다는 말은 거의 들리지 않고, 아이에게 준다는 이야기만 많으니라. 부모님은 맛도 보지 못하였는데 아이들은 먼저 배부르니, 자식 된 마음은 부모가 좋아하는 마음에 미치지 못하느니라. 그대에게 권하노니, 떡 살 돈을 두둑이 내어 흰머리에 세월이 얼마 남지 않은 부모님을 공양하라.

어버이의 병을 고치는 데 정성을 다하라

市間賣藥肆에 惟有肥兒丸하고
시 간 매 약 사　유 유 비 아 환

未有壯親者하니 何故兩般看고
미 유 장 친 자　　하 고 양 반 간

兒亦病親亦病에 醫兒不比醫親症이라
아 역 병 친 역 병　　의 아 불 비 의 친 증

割股還是親的肉이니 勸君亟保雙親命하라
할 고 환 시 친 적 육　　권 군 극 보 쌍 친 명

시장 안의 약을 파는 가게에는 오직 아이를 살찌게 하는 약만 있고, 어버이 건강하게 하는 약은 없다 하니 무슨 까닭으로 두 가지로 보는 가. 아이도 병들고 어버이도 병들었을 때, 아이의 병을 고치는 것이 어버이의 병을 고치는 것에 견주지 못할 것이니라. 넓적다리 살을 베어내더라도 이 또한 부모의 육신이니, 그대에게 권하노니 빨리 어버이의 목숨을 보전하라.

어버이 섬기기를 자식 기르듯 하라

富貴養親易로되 親常有未安하고
부 귀 양 친 이　　　친 상 유 미 안

貧賤養兒難하되 兒不受饑寒이라
빈 천 양 아 난　　　아 불 수 기 한

一條心兩條路에 爲兒終不如爲父니라
일 조 심 양 조 로　　위 아 종 불 여 위 부

勸君養親如養兒하여 凡事莫推家不富하라
권 군 양 친 여 양 아　　　범 사 막 추 가 불 부

부귀하면 어버이를 봉양하기 쉬우나 어버이의 마음에는 항상 편치
못함이 있고, 빈천하면 자식을 기르기 어려우나 아이는 배고픔과 추
위를 겪지 않느니라. 한 가지 마음 두 가지 길에, 부모 위함이 끝내
어린 아이 위함만 못하니라. 그대에게 권하노니, 어버이 섬기기를
자식 기르듯 하여 모든 일을 집이 부유하지 못한 가난 탓이라 미루
지 마라.

한 부모는 열 자식을 거느려도
열 자식은 한 부모를 못 모신다

養親只二人이로되 常與兄弟爭하고
양 친 지 이 인   상 여 형 제 쟁

養兒雖十人이나 君皆獨自任이니라
양 아 수 십 인   군 개 독 자 임

兒飽煖親相問하되 父母饑寒不在心이니라
아 포 난 친 상 문   부 모 기 한 부 재 심

勸君養親須竭力하라 當初衣食被君侵이라
권 군 양 친 수 갈 력   당 초 의 식 피 군 침

어버이를 봉양함에는 다만 두 분뿐이로되 항상 형제끼리 서로 미루어 다투고, 자식을 기를 때는 비록 열 명이 된다 하더라도 홀로 모두를 떠맡느니라. 자식이 배부르고 따뜻한지는 항상 친히 묻되, 부모의 배고픔과 추위는 마음에 있지 않느니라. 그대에게 권하노니, 어버이 섬기기에 모름지기 힘을 다하라. 애초에 입을 것과 먹을 것을 그대에게 빼앗겼느니라.

효자에게서 효자가 난다

親有十分慈하되 君不念其恩하고
친 유 십 분 자   군 불 념 기 은

兒有一分孝하면 君就揚其名이니라
아 유 일 분 효   군 취 양 기 명

待親暗待兒明하니 誰識高堂養子心고
대 친 암 대 아 명   수 식 고 당 양 자 심

勸君漫信兒曹孝하라 兒曹樣子在君身이니라
권 군 만 신 아 조 효   아 조 양 자 재 군 신

어버이에게는 지극한 사랑이 있되 그대는 그 은혜를 생각지 않고, 자
식에게 조금만 효도함이 있으면 그대는 그 이름을 자랑하려 드느니
라. 어버이를 대함에는 어둡고 자식을 대함에는 밝으니, 누가 자식 기
르는 어버이의 마음을 알리오. 그대에게 권하노니, 아이들의 효도를
부질없이 믿지 말라. 아이들의 본보기가 그대 자신에게 있느니라.

제23편

효행孝行 속續

4편 「효행孝行」의 속편에 해당하며 효자들의 구체적인 사례가 실려 있다.
어머니를 봉양하기 위해 자식을 땅에 묻으려 한 손순,
자신의 다리 살을 베어 부모를 봉양한 상덕,
지극한 효성에 하늘도 감동하여
때 아닌 홍시를 내려준 도씨의 이야기가 실려 있다.

孝行·續

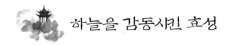
하늘을 감동시킨 효성

孫順家貧하여 與其妻傭作人家以養母할새 有兒每奪母食이라
손순가빈　　여기처용작인가이양모　　유아매탈모식

順이 謂妻曰 兒奪母食하니 兒可得이나 母難再求라
순　위처왈 아탈모식　　아가득　　모난재구

乃負兒하고 往歸醉山北郊하여 欲埋掘地러니 忽有甚奇石鐘이라
내부아　　왕귀취산북교　　욕매굴지　　홀유심기석종

驚怪試撞之하니 舂容可愛라
경괴시당지　　용용가애

妻曰 得此奇物은 殆兒之福이라 埋之不可라 하니
처왈 득차기물 태아지복　　매지불가

順이 以爲然하여 將兒與鐘還家하여 懸於樑撞之러니
순　이위연　　장아여종환가　　현어량당지

王이 聞鐘聲淸遠異常하고 而覈聞其實하고 曰
왕　문종성청원이상　　이핵문기실　　왈

昔에 郭巨埋子엔 天賜金釜러니
석　곽거매자　　천사금부

今에 孫順埋兒엔 地出石鐘하니 前後符同이라
금　손순매아　　지출석종　　전후부동

賜家一區하고 歲給米五十石하니라
사 가 일 구   세 급 미 오 십 석

손순은 집이 가난하여 아내와 함께 남의 집에 품을 팔아 어머니를 봉양하였는데, 어린 자식이 매번 어머니 드릴 음식을 빼앗아 먹었다. 손순이 아내에게 말하였다.

"아이가 어머님 드실 음식을 먹는구려. 자식은 또 낳을 수 있으나 어머님은 다시 모시기 어렵지 않소."

이에 아이를 등에 업고 귀취산 북쪽 교외로 가서 묻으려고 땅을 팠는데, 뜻밖에 아주 신기한 석종이 나왔다. 놀랍고 괴이하게 여겨 그것을 쳐보니 은은하여 듣기에 좋았다.

아내가 말하였다.

"이 같은 기이한 물건을 얻은 것은 모두가 다 아이의 복인 듯합니다. 아이를 묻어서는 안 될 것 같습니다."

손순도 그렇게 여기고 아이와 함께 석종을 들고 집으로 돌아와 대들보에 매달고 종을 울렸다. 임금이 종소리가 맑고도 멀리 퍼지는 것을 이상하게 여겨 그 사실을 자세히 듣고 말씀하셨다.

"옛적에 곽거郭巨가 아들을 묻으려 하자 하늘이 금솥을 내렸는데, 오늘에는 손순이 아들을 묻으려 하자 땅에서 석종이 나왔으니 전세前世의 효도와 후세의 효도를 천지가 서로 같게 보는구나."

그리고는 집 한 채를 내리고 해마다 쌀 50섬을 주었다.

허벅지 살을 베어 부모를 봉양한 상덕

尚德이 値年荒癘疫하여 父母飢病濱死라
상덕　치년황려역　　부모기병빈사

尚德이 日夜不解衣하고 盡誠安慰하되
상덕　일야불해의　　진성안위

無以爲養이면 則割髀肉食之하고 母發癰에 吮之卽癒라
무이위양　　즉규비육사지　　모발옹　연지즉유

王이 嘉之하여 賜賚甚厚하고 命旌其門하고 立石紀事하니라
옹　가지　사뢰심후　　명정기문　　일석기사

상덕이 흉년과 전염병이 나도는 해를 만나 부모가 굶주리고 병들어 죽게 될 지경에 이르렀다. 상덕은 밤낮으로 옷도 벗지 않고 정성을 다하여 안심하도록 위로하며, 봉양할 것이 없으면 넓적다리 살을 베어 고기인양 드시게 했고, 어머니께 종기가 나자 입으로 빨아서 낫게 하였다. 임금이 이를 기특하여 여겨 큰 상을 내리고, 그 마을에 정문(旌門, 충신, 효자, 열녀 등을 표창하기 위하여 집 앞이나 마을 입구에 세우던 붉은 문)을 세우라고 명령하고 비석을 세워 그 효행을 기록하게 하였다.

하늘이 효도를 다하도록 돕다

都氏家貧이나 至孝라 賣炭買肉하여 無闕母饌이러라
도씨가빈 지효 매탄매육 무궐모찬

一日은 於市晚而忙歸러니 鳶忽攫肉이어늘
일일 어시만이망귀 연홀확육

都悲號至家하니 鳶旣投肉於庭이러라
도비호지가 연기투육어정

一日은 母病索非時之紅柿어늘 都彷徨柿林하여 不覺日昏이러니
일일 모병색비시지홍시 도방황시림 불각일혼

有虎屢遮前路하고 以示乘意라
유호루차전로 이시승의

都乘至百餘里山村하여 訪人家投宿이러니
도승지백여리산촌 방인가투숙

俄而主人이 饋祭飯而有紅柿라
아이주인 궤제반이유홍시

都喜하여 問柿之來歷하고 且述己意한대
도희 문시지내력 차술기의

答曰 亡父嗜柿라 故로 每秋에 擇柿二百個하여 藏諸窟中하여
답왈 망부기시 고 매추 택시이백개 장제굴중

254

而至此五月이면 則完者不過七八이라가 今得五十個完者라
이 지 차 오 월　　즉 완 자 불 과 칠 팔　　금 득 오 십 개 완 자

故로 心異之러니 是天感君孝라 하고
고　　심 이 지　　시 천 감 군 효

遺以二十顆어늘 都謝出門外하니 虎尙俟伏이라
유 이 이 십 과　　도 사 출 문 외　　호 상 사 복

乘至家하니 曉鷄喔喔이러라
승 지 가　　효 계 악 악

後에 母以天命으로 終에 都有血淚러라
후　　모 이 천 명　　종　　도 유 혈 루

도씨는 집안이 가난하였으나 효성이 지극하였다. 숯을 팔아서 고기를 사다가 어머님 반찬에 부족함이 없이 공양하였다. 하루는 장에서 늦어 바삐 돌아오는데 솔개가 갑자기 고기를 확 채어 가버렸다. 도씨가 슬피 울며 집에 이르니, 솔개가 먼저 고기를 집안 뜰에 던져 놓았다. 하루는 어머니가 병이 나서 때 아닌 홍시를 찾기에, 도씨가 감나무 숲을 헤매다가 날이 저문 것도 모르고 있었는데, 호랑이가 나타나 누차 앞길을 가로막고 올라타라는 뜻을 보였다. 도씨는 호랑이를 타고 백여 리나 떨어진 산 속 마을에 이르러 인가를 찾아 묵었는데, 잠시 뒤에 주인이 제삿밥을 내오는데 홍시가 있었다. 도씨는 심히 기뻐하며 홍시가 어디서 난 것인지를 묻고, 자기가 온 뜻을 말하였다. 그러

자 주인이 대답하였다.

"돌아가신 아버지께서 홍시를 즐기셨기에 매년 가을이면 감 2백 개를 골라서 굴속에 저장해 두었습니다. 그러나 제사를 지내는 5월까지 온전한 것은 고작 7, 8개에 불과했는데 금년에는 온전한 것이 50개나 되어 마음속으로 이상하게 여겼습니다. 하늘이 그대의 효성에 감동한 것이었군요."

이렇게 말하고 홍시 20개를 내어 주었다. 도씨가 감사의 인사를 하고 문밖으로 나오니, 호랑이가 아직도 엎드린 채 기다리고 있었다. 호랑이를 타고 집에 이르니 새벽닭이 울었다.

뒷날 어머니가 천명을 다 누리고 돌아가시자, 도씨는 피눈물을 흘리며 슬퍼하였다.

제24편

염의廉義

청렴하고 의로운 마음으로 살아간 사람들의 이야기를 담았다.
지극히 청렴하고 자신의 청렴에 대한 지조를 보여준 인관과 서조,
도둑이 오히려 돈을 놓고 갈 정도로 가난했지만 도움받기를 거절한 홍기섭,
임금이 한 번 뱉은 말은 지켜야 한다고
바보 온달을 찾아간 평강공주의 이야기가 실려 있다.

廉義

정직과 양심으로 벼슬을 얻다

印觀이 賣綿於市할새 有署調者以穀買之而還이러니
인관　　매면어시　　유서조자이곡매지이환

有鳶이 攫其綿하여 墮印觀家어늘
유연　　확기면　　타인관가

印觀이 歸于署調曰 鳶墮汝綿於吾家라 故로 還汝하노라
인관　　귀우서조왈　연타여면어오가　고　　환여

署調曰 鳶이 攫綿與汝는 天也라 吾何受爲리오
서조왈　연　확면여여　　천야　　오하수위

印觀曰 然則還汝穀하리라
인관왈　연즉환여곡

署調曰 吾與汝者市二日이니 穀已屬汝矣라 하고
서조왈　오여여자시이일　　곡이속여의

二人이 相讓이라가 幷棄於市하니
이인　　상양　　　병기어시

掌市官이 以聞王하여 竝賜爵하니라
장시관　　이문왕　　병사작

인관이 시장에서 솜을 팔았다. 서조라는 사람이 곡식으로 솜을 사 가지고 돌아갔는데, 솔개가 그 솜을 낚아채 가지고 인관의 집에 떨어뜨렸다. 인관이 솜을 서조에게 되돌려 주며 말하였다.

"솔개가 당신의 솜을 내 집에 떨어뜨렸으니 되돌려 드리겠습니다."

서조가 말하였다.

"솔개가 솜을 낚아채서 그대에게 준 것은 하늘이 시킨 일이거늘 어찌 되돌려 받겠습니까?"

그러자 인관이 말하였다.

"그렇다면 받은 곡식을 돌려 드리겠습니다."

서조가 말하였다.

"내가 그대에게 곡식을 준 후로 이미 두 차례나 장날이 지나갔으니, 그 곡식은 이미 당신의 것입니다."

두 사람은 서로 사양하다가 결국에 솜과 곡식을 시장에 내다 버렸다. 시장 관리가 이를 임금에게 아뢰니, 임금이 두 사람에게 벼슬을 내렸다.

도둑도 뉘우차게 한 정직

洪公耆燮이 少貧甚無料러니

홍공기섭   소빈심무료

一日朝에 婢兒踊躍하고 獻七兩錢하여 曰

일일조   비아용약   헌칠냥전   왈

此在鼎中하니 米可數石이요 柴可數駄니 天賜天賜니이다

차재정중   미가수석   시가수태   천사천사

公이 驚曰 是何金하고 卽書失金人推去等字하여 付之門楣而待러니

공   경왈 시하금   즉서실금인추거등자   부지문미이대

俄而姓劉者來問書意어늘 公이 悉言之한대

아이성유자래문서의   공   실언지

劉曰 理無失金於人之鼎內하니 果天賜也라 盍取之닛고

유왈 이무실금어인지정내   과천사야   합취지

公曰 非吾物에 何오

공왈 비오물   하

劉俯伏曰 小的이 昨夜에 爲窃鼎來라가 還憐家勢蕭條而施之러니

유부복왈 소적   작야   위절정래   환연가세소조이시지

今感公之廉价하고 良心自發하여 誓不更盜하고 願欲常侍하오니

금감공지렴개   양심자발   서불갱도   원욕상시

勿慮取之하소서
물 려 취 지

公이 卽還金曰 汝之爲良則善矣나 金不可取라 하고 終不受하니라
공   즉환금왈 여지위량즉선의   금불가취   종불수

後에 公이 爲判書하고 其子在龍이 爲憲宗國舅하며
후   공   위판서   기자재룡   위헌종국구

劉亦見信하여 身家大昌하니라
유 역 견 신   신 가 대 창

홍기섭이 젊었을 때 매우 가난하여 먹을 것이 없었다. 하루는 아침에
어린 계집종이 뛰어와서 돈 일곱 냥을 바치며 말하였다.
"이것이 솥 안에 있었습니다. 이 돈이면 쌀이 몇 섬이요, 나무가 몇
바리입니다. 하늘이 내려주신 것입니다."
공이 놀라며 말하였다.
"이것이 무슨 돈인고?"
그리고 곧 '돈을 잃은 사람은 찾아가시오'라는 글을 써서 대문에 붙
이고 기다렸다. 얼마 후에 유씨 성을 가진 사람이 와서 대문에 붙인
글의 뜻을 물었다. 이에 공이 자세히 그 내용을 설명하니, 유씨가 말
하였다.
"돈을 남의 솥 안에다 잃을 이치가 없으니, 그 돈은 필경 하늘이 내려
준 것입니다. 어찌 그것을 가지려 하지 않으십니까?"

그러자 공이 말하였다.

"나의 물건이 아닌데 어찌 취할 수 있단 말입니까?"

그러자 유씨가 꿇어 엎드리며 말하였다.

"소인이 어젯밤에 솥을 훔치러 왔다가 가세가 너무 쓸쓸한 것을 안타까이 여겨 이 돈을 솥 안에 놓고 갔습니다. 소인은 이제 공의 청렴에 감동하고 양심이 절로 우러나와 다시는 도적질을 하지 않으려고 맹세하며, 앞으로도 항상 옆에서 모시기를 원하오니, 염려마시고 이 돈을 거두어 주십시오."

공은 즉시 돈을 돌려주며 "그대가 착한 사람이 된 것은 참으로 좋은 일이나 그래도 이 돈은 취할 수 없소." 하고 끝내 받지 않았다.

후에 공은 판서가 되었고, 그의 아들 재룡은 헌종의 장인이 되었으며, 유씨도 신임을 얻어 자신과 그의 집안이 크게 번성하였다.

바보를 장수로 만들어준 공주

高句麗平原王之女는 幼時에 好啼러니
고구려평원왕지녀   유시   호제

王戲曰 以汝로 將歸于愚溫達하리라
왕희왈 이여   장귀우우온달

及長에 欲下嫁于上部高氏한대
급장   욕하가우상부고씨

女以王不可食言이라 하여 固辭하고 終爲溫達之妻하니라
여이왕불가식언   고사   종위온달지처

蓋溫達家貧하여 行乞養母하니 時人이 目爲愚溫達也러라
개온달가빈   행걸양모   시인   목위우온달야

一日은 溫達이 自山中으로 負楡皮而來하니
일일   온달   자산중   부유피이래

王女訪見曰 吾乃子之匹也라 하고
왕녀방견왈 오내자지필야

乃賣首飾하여 而買田宅器物하여 頗富하고
내매수식   이매전택기물   파부

多養馬以資溫達하여 終爲顯榮하니라
다양마이자온달   종위현영

고구려 평원왕의 딸이 어렸을 때 울기를 잘하였다. 임금이 놀려 말했다. "너를 바보 온달에게 시집보내야겠구나."

공주가 장성하여 임금이 상부 고씨에게 시집보내려 하니, 임금이 약속한 말을 지키지 않으면 안 된다고 하며 한사코 마다하고 마침내 온달의 아내가 되었다.

온달은 집이 가난하여 밥을 빌어 어머니를 봉양하였는데, 그 당시 사람들은 그를 바보 온달이라고 하였다. 하루는 온달이 산에서 느릅나무 껍질을 짊어지고 돌아오니, 공주가 찾아와서 "제가 당신의 아내입니다."라고 말하였다.

공주가 자신의 머리 장식품을 팔아 밭과 집과 여러 살림살이를 사서 꽤 부유하게 되고, 말을 많이 길러서 온달을 도우니 마침내 이름을 드날리고 영예롭게 되었다.

제25편

권학 勸學

제목처럼 학문을 권장하는 문장들로 이루어졌다.
시간은 사람을 기다려주지 않고 배움에는 때가 있으니
부지런하고도 끊임없이 학문에 힘쓰라고 권면한다.

勸學

세월은 사람을 기다려주지 않는다

朱子曰 勿謂今日不學而有來日하며
주 자 왈 물 위 금 일 불 학 이 유 내 일

勿謂今年不學而有來年하라
물 위 금 년 불 학 이 유 내 년

日月逝矣라 歲不我延이니 嗚呼老矣라 是誰之愆고
일 월 서 의 　 세 불 아 연 　 오 호 노 의 　 시 수 지 건

주자가 말하였다.
"오늘 배우지 않고서 내일이 있다고 말하지 말며, 올해 배우지 않고서 내년이 있다고 말하지 마라. 해와 달은 지나가고 세월은 나를 위해 더디 가지 않도다. 아! 늙었구나. 이는 누구의 허물인가?"

시간은 빠르게 흘러간다

少年易老學難成하니 一寸光陰不可輕이라
소년이노학난성　　　일촌광음불가경

未覺池塘春草夢하여 階前梧葉已秋聲이라
미각지당춘초몽　　　계전오엽이추성

소년은 늙기 쉽고 학문은 이루기 어려우니, 짧은 시간도 가벼이 여기
지 마라. 연못가의 봄풀은 꿈에서 깨지 못하였는데, 섬돌 앞 오동나무
잎은 벌써 가을 소리를 내는구나.

학문에도 때가 있다

陶淵明詩에 云 盛年不重來하고 一日難再晨이니
도연명시　　운 성년부중래　　　일일난재신

及時當勉勵하라 歲月不待人이니라
급시당면려　　　세월부대인

도연명이 시에서 말하였다.
"젊음은 두 번 다시 오지 않고, 하루에 새벽이 두 번 있기 어려우니,
때가 이르거든 마땅히 학문에 힘써라. 세월은 사람을 기다리지 않느
니라."

천릿길도 한 걸음부터

荀子曰 不積蹞步면 無以至千里요
순자왈 부적규보　무이지천리

不積小流면 無以成江河니라
부적소류　무이성강하

순자가 말하였다.

"반걸음을 쌓지 않으면 천 리에 이르지 못하고, 작은 물줄기가 모이지 않으면 강과 바다를 이루지 못하느니라."

인생의 절반쯤 왔을 때
읽어야 할 명심보감

초판 1쇄 발행 2018년 10월 15일
초판 3쇄 발행 2021년 12월 20일

지은이 범립본
옮긴이 박훈

펴낸이 이효원
편집인 음정미
디자인 별을 잡는 그물
펴낸곳 탐나는책
출판등록 2015년 10월 12일 제2021-000142호
주소 경기도 고양시 덕양구 삼송로 222, 101동 305호(삼송동, 현대혜리엇)
전화 070-8279-7311 **팩스** 02-6008-0834
전자우편 tcbook@naver.com

ISBN 979-11-89550-07-3 03140

이 도서의 국립중앙도서관 출판시도서목록(CIP)은 서지정보유통지원시스템 홈페이지(http://seoji.nl.go.kr)와
국가자료공동목록시스템(http://www.nl.go.kr/kolisnet)에서 이용하실 수 있습니다.
CIP제어번호: 2018030474

* 값은 뒤표지에 있습니다.
* 잘못된 책은 구입하신 서점에서 바꾸어 드립니다.